MOZART: LE NOZZE DI FIGARO

(Las Bodas de Figaro)
Opera en Cuatro Actos

Traducción al Español y Comentarios
por E. Enrique Prado

Libreto de Lorenzo da Ponte
Sobre una Obra de Pierre-Agustin de Beaumarchais
Basado en Una Obra Teatral de Victorien Sardou

Jugum Press

ꟿ

Segunda edición impresa: Septiembre de 2016

ISBN-13: 978-1-939423-66-5
ISBN-10: 1-939423-66-X

Impreso en los Estados Unidos de América
Publicado por Jugum Press
www.jugumpress.com

Cubierta de libro:
Acuarela anónima, del siglo XIX: escena de la ópera de Mozart " Le nozze di Figaro"
y Estudio de Composer Wolfgang Amadeus Mozart
de Wikimedia Commons – en.wikipedia.org
(en el dominio público en los Estados Unidos y otros países)

Edición y diseño:
Annie Pearson, Jugum Press
Consultas y correspondencia:
jugumpress@outlook.com

℘

Índice

80

Prefacio 80 Le Nozze di Figaro

La primera vez que Mozart y Lorenzo da Ponte, el famoso libre testa trabajaron juntos fue en la creación de *Le Nozze de Fígaro.*

Fue ciertamente Mozart quien tuvo la idea de escribir una ópera basada en la pieza teatral La Folle Journée o *Le Mariage de Fígaro*, escrita por Pierre-Agustin Caron de Beaumarchais, que en esa época se presentaba con gran éxito en Europa.

Con *Le Nozze de Fígaro*, Mozart consigue elevar la ópera bufa a la categoría más relevante: el libreto que le proporciona Lorenzo Da Ponte contiene todos aquellos elementos afines con su vocación: la situación de enredo, chispeante, rápida, arrolladora, señores y vasallos, en una complicada pero ingeniosísima trama, parecen a la medida para que Mozart dote a sus personajes de una vida y de una finura de caracterización psicológica inalcanzables; la magia de los conjuntos, en los que cada personaje puede expresar a la vez que los demás su propio pensamiento, sin abandonar su propio lenguaje, dotan a la partitura de una profundidad expresiva desconocida hasta entonces, convirtiéndose en la más exquisita y suprema muestra del arte lírico mozartiano. Se trata de la obra más famosa y representada del autor, en la que Mozart, llevado por el instinto de su genio, elige la comedia como género que, dramáticamente, mejor refleja la vida cortesana de su momento histórico.

Le Nozze de Fígaro se presentó por primera ocasionen Viena, en el Burgtheater, el 1º de Mayo de 1786, el público vienés la recibió con frialdad, pero posteriormente tuvo un gran éxito en Praga. La ciudad de Londres presenció ésta obra por primera vez en el Haymarket Theater, el 18 de Junio de 1812, y su estreno en New York fue el 10 de Mayo de 1824.

Le Nozze de Fígaro constituye un análisis de la lucha de clases y considerando la época en que fue escrita, tiene un carácter tan revolucionario y subversivo, que en algunas ciudades se pro hirió su representación, pero todos leían la obra y se entusiasmaban con ella. Aun aquellos que se escandalizaban ante el ataque de Beaumarchais a la clase alta y de su admiración por los criados, no podían dejar de disfrutar de la cómica farsa.

En *Le Nozze de Fígaro*, el barbero se ha convertido en el criado del conde y no solo es astuto, sino desafiante. Tiene la osa día de poner en tela de juicio la pacífica coexistencia entre superiores e inferiores implantada por la tradición. El argumento gira intrincadamente en torno a una premisa que se presta tanto párala farsa como para el manifiesto social: ¿Puede Fígaro contraer matrimonio con la mujer que el conde quiere para sí?

No es el intrigante Fígaro el que resuelve el problema, sino las dos protagonistas femeninas, Susana y la Condesa de Almaviva, que se unen para destruir el "droit du seigneur."

La adaptación de da Ponte se mantuvo fiel al espíritu del original; suprimió casi todas exhortaciones políticas de Beaumarchais, pero la rebelión es inherente al argumento; una de las exhortaciones eliminadas, por ejemplo es la siguiente: Fígaro piensa en su amo y dice: ¿Qué has hecho tu para merecer tus privilegios? Te tomaste el trabajo de nacer... yo en cambio, Oh Dios, me pierdo en la multitud anónima y tan solo para existir, he tenido que apelar a más estratagemas que las que se usaron para gobernar España durante los últimos cien años.

Esta obra ha sido considerada como la mejor de todas las óperas cómicas así como una de las más populares, de hecho sería razonable calificarla como la más perfecta obra musical jamás creada.

Traducción y comentarios por:
E. Enrique Prado Alcalá
Tepoztlán, Morelos
Enero de 1998

Sinopsis ꙮ Le Nozze di Figaro

Acto I

Una habitación en el castillo del Conde de Almaviva, cerca de Sevilla.

Su valet, Fígaro, y Susana la dama de compañía de la Condesa, se están preparando para casarse en ese día. A Susana le pare ce sospechoso que el Conde les haya asignado una habitación, que—se encuentra junto a las de los dueños del castillo porque sabe—que el Conde quiere seducirla. Al enterarse de esto Fígaro se enfurece y decide asegurarse de que tal cosa no suceda.

La llegada de su ex-patrona Marcellina con su abogado Don Bartolo, agrega otro obstáculo a su felicidad, porque Fígaro aun no paga un préstamo que la dama le hizo, en el entendido de que ante la falta de tal pago, él deberá casarse con ella.

Susana se molesta al encontrar en su cuarto al Conde que no cesa de asediarla. Cherubino el paje le dice a Susana que el Conde se encuentra muy molesto con él porque se porta en forma impertinente con las mujeres en el castillo, particularmente con la Condesa.

Se aproxima el Conde, Cherubino se esconde, para no ser sor - prendido una vez más con una mujer. El Conde entra y piensa que Susana se encuentra sola y comienza a cortejarla nuevamente, pero es interrumpido cuando entra Don Basilio el maestro de música y para no ser descubierto, se esconde precisamente detrás del mismo sillón en donde se escondió Cherubino quién rápidamente salta trepando al sillón en donde Susana lo cubre con un tapete.

Basilio se dedica a murmurar acerca de todo lo que acontece en el castillo en particular sobre el encaprichamiento de Cherubino con la Condesa.

El Conde está tan enojado que sale de su escondite y retira el tapete que cubre a Cherubino, y como éste está enterado de sus conductas seductoras, piensa alejarlo, enviándolo a enrolarse en el ejército.

Acto II

En la habitación de la Condesa.

Fígaro y Susana persuaden a la Condesa, que se encuentra muy triste porque ya no es amada como antes por el Conde, para que le dé una lección y termine de una vez por todas con sus flirteos.

Entonces acuerdan que Basilio sea enviado al Conde con una nota que constituya la prueba de que la Condesa y Cherubino se en tienden amorosamente, mientras tanto Susana arreglará un encuentro con el Conde, en el cual Cherubino, vestido de mujer, tomará su lugar. Llaman a Cherubino para prepararle el disfraz. El Conde llega en ese momento, y la Condesa esconde a Cherubino en el vestidor.

Cherubino hace ruido al mover un banco, lo cual despierta las sospechas del Conde que furioso exige se le diga quién se encuentra ahí. Cuando la Condesa se niega a decírselo, él la hace acampanarlo para buscar un instrumento para abrir la puerta. Cuando ellos se retiran, Susana toma el lugar de Cherubino que sale rápidamente por la ventana. Cuando el Conde abre la puerta del vestidor, la Condesa se sorprende al ver emerger a Susana luciendo una inocente sonrisa.

Antonio el jardinero, entra quejándose de que alguien saltó por la ventana y aun cuando Fígaro asume la culpa, el Conde sé que da con la sensación de que se están burlando de él.

Marcellina y Bartola entran a complicar más la situación al exigirle a Fígaro el pago de su deuda.

Acto III

Un salón del palacio en donde tendrá lugar la boda.

La Condesa dicta una carta para el Conde con el propósito de concertar una cita con Susana. Antes de recibirla, el Conde escucha murmurar una frase de Susana a Fígaro que despierta una vez más las sospechas de que está siendo víctima de un engaño, entonces de termina que Fígaro y la anciana Marcellina deben casarse, pero esta reconoce en él al hijo que tuvo con Bartolo y que estuvo perdí do por largo tiempo. Una vez aclarada ésta situación, piensan en celebrar una doble boda: Fígaro con Susana y Bartolo con Marcellina.

Se acerca Cherubino disfrazado de mujer para ofrecer flores a la Condesa, pero es descubierto por Antonio. Entonces, Barbarina la hija de Antonio, le recuerda al Conde, las promesas que le hizo muchas veces si ella llegara a amarlo; ella ahora le pide permiso para casarse con Cherubino.

Los ánimos del Conde se exaltan cuando recibe durante la ceremonia de la boda, una nota—aparentemente de Susana—invitándolo a encontrarla esa tarde en el parque.

Acto IV

Fígaro ignora que la Duquesa ha hecho planes para castigar a su marido y se enfurece cuando descubre que Susana al parecer ha concertado una cita con el Conde, sin saber que quien acudirá al encuentro, no será Susana, sino la Condesa en ropas de la muchacha. Fígaro con creciente enojo se esconde en el lugar de la cita y observa corno el Conde recibe a "Susana" y se aleja con ella pero en eso llega la "Condesa" (Susana) y él la reconoce y le pide perdón por haber desconfiado de ella. Finalmente el Conde y la Condesa se reconcilian y todos terminan celebrando.

FIN

℘

Reparto ℘ Le Nozze di Figaro

CONDE ALMAVIVA – Barítono
FÍGARO – Su ballet, Barítono
DOCTOR BARTOLA – Bajo
DON BASILIO – Maestro de música, Tenor
CHERUBINO – Un paje, Soprano
ANTONIO – Un jardinero, Bajo
DON CURZIO – Abogado, Tenor
CONDESA ALMAVIVA – Soprano
SUSANA – Novia de Fígaro, Soprano
MARCELLINA – Ama de casa, Soprano
BARBARINA – Sobrina de Antonio, Soprano

Época: Siglo VIII
Lugar: Palacio de Aguas Frescas (Sevilla)

Libreto Le Nozze di Figaro

Acto I

El castillo de Conde de Almaviva, cerca de Sevilla. Una estancia medio amueblada.
Fígaro está midiendo el piso. Susana ante el espejo, probándose un sombrero.

FÍGARO		
Cinque... dieci... venti... Trenta trentasei... quarantatré...	1.	Cinco... diez... veinte... Treinta... treinta seis... cuarenta y tres...
SUSANA		
Ora si, ch'io son contenta. Sembra fatto inver per me.	2.	Ahora si estoy contenta. Parece que fue hecho para mí.
FÍGARO		
Cinque...	3.	Cinco...
SUSANA		
Guarda un po', mio caro Fígaro	4.	Mira un poco querido Fígaro.
FÍGARO		
Dieci...	5.	Diez...
SUSANA		
Guarda un po' mio caro Fígaro.	6.	Mira un poco querido Fígaro.
FÍGARO		
Venti...	7.	Veinte...
SUSANA		
Guarda un po'...	8.	Mira un poco...
FÍGARO		
Trenta...	9.	Treinta...

SUSANA
Guarda un po',
guarda adesso il mio capello

10. Mira un poco,
mira pues mi sombrero.

FÍGARO
Trentasei...

11. Treinta seis...

SUSANA
Guarda adesso il mio capello...

12. Mira pues mi sombrero...

FÍGARO
Quarantatré...

13. Cuarenta y tres...

SUSANA
Guarda un po' mio caro Fígaro, etc....

14. Mira un poco querido Fígaro, etc....

FÍGARO
Si, mio core or è più bello,
sembra fatto inver per te.

15. Si, corazón, es muy bello,
parece haber sido hecho para ti

SUSANA
Guarda un po', etc....

16. Mira un poco, etc....

FÍGARO
Si, mio core, etc....

17. Si, corazón, etc....

SUSANA
Ora si ch'io son contenta, etc....

18. Ahora si estoy contenta, etc....

FÍGARO
Si, mio core, etc....

19. Si, corazón, etc....

SUSANA, FÍGARO
Ah il mattino alle nozze vicino.

20. Ah, está cercano el día de nuestra boda.

SUSANA
Quant'e dolce al mio tenero sposo.

21. Qué dulce es mi tierno esposo.

FÍGARO
Quant'e dolce il tuo tenero sposo.

22. Que dulce es tu tierno esposo.

SUSANA, FÍGARO
Questo bel capellina vezzoso,
che Susana ella stessa si fe'.

23. Ese encantador sombrero,
que Susana se hizo.

SUSANA
Cosa stai misurando caro il mio Figaretto?

24. ¿Qué estás midiendo mi querido Fígarito?

FÍGARO Io guardo se quel letto, che ci destina il Conte farà buona figura in questo loco.	25.	Miro si la cama que nos dio el Conde, se verá bien en éste lugar.
SUSANA In questa stanza?	26.	¿En ésta estancia?
FÍGARO Certo, fa noi la cede generoso il padrone.	27.	Nos la cede el generoso patrón.
SUSANA Io per me te la dono.	28.	Por mí, te la doy.
FÍGARO E la ragione?	29.	¿Y cuál es la razón?
SUSANA La ragione l'ho qui.	30.	*(Se toca la frente.)* Aquí tengo la razón.
FÍGARO Perché non puoi far, che passi un po' qui?	31.	¿Porque no lo olvidas por un momento?
SUSANA Perché non voglio; sei tu mi servo, o no?	32.	¿Porque no quiero; eres tu mi siervo o no?
FÍGARO Ma non capisco perché tanto ti dispiace la più comoda stanza del palazzo.	33.	Pero no comprendo por qué te disgusta tanto la más cómoda estancia del palacio.
SUSANA Perch'io son la Susana e tu sei pazzo.	34.	Porque yo soy Susana y tú estás loco.
FÍGARO Grazie, non tanti elogi, guarda un poco, se potriasi meglio star in altro loco.	35.	Gracias, no me elogies tanto, se podría estar mejor en otro lugar.
FÍGARO Se a caso Madama la notte ti chiama dindin in due passi da quella puoi gir. Vien poi la occasione che vuolmi il padrone don, don in tre salti lo vado a servir.	36.	Si acaso Madame la noche te llama dindin en dos pasos allá podrás estar. Después viene la ocasión en que me necesite el patrón don, don en tres saltos lo voy a servir.

SUSANA
Così se il mattino il caro Contino,
dindin, e ti manda tre miglia lontan,
don don, a mia porta
il diavol lo porta ed ecco in tre salti...

37. Y así por la mañana el querido Conde,
din din y te manda a tres millas de aquí,
din din don don a mi puerta
el diablo lo lleva y luego en tres saltos...

FÍGARO
Susana pian, pian...

38. Susana, despacio, despacio...

SUSANA
Ed ecco in tre salti...
din din don don, Ascolta!

39. ¡Y luego en tres saltos...
din din don don, Escucha!

FÍGARO
Fa presto!

40. ¡Rápido!

SUSANA
Se udir brami il resto discaccia
i sospetti che torto mi fan.

41. Si quieres oír el resto que despierta
mis sospechas y me hace sentir mal.

FÍGARO
Udir bramo il resto,
i dubbi i sospetti gelare mi fan.

42. Quiero oír el resto,
Las dudas y las sospechas me hielan.

SUSANA
Or bene ascolta e taci.

43. Ahora mi bien, escucha y calla.

FÍGARO
Parla che c'è di nuovo

44. Dime que hay de nuevo.

SUSANA
Il signor Conte, stanco d'andar cacciando le straniere bellezze forestiere, vuole ancor nel castello ritentar la sua sorte né già di sua consorte, bada bene l'appetito gli viene.

45. El señor Conde, cansado de andar cazando las bellezas de afuera quiere también tentar suerte en el castillo, ya no es su consorte quien despierta su apetito.

FÍGARO
A di chi dunque?

46. ¿Y quién entonces?

SUSANA
Della tua Susanetta.

47. Tu Susanita.

FÍGARO
Di te?

48. ¿Tu?

SUSANA

Di me medesma, ed ha speranza ch'al nobil suo progetto utilissima sia tal vicinanza.

49. Yo misma, y tiene esperanza de que para su nuevo proyecto le sea útil tal cercanía.

FÍGARO

Bravo! Tiriamo avanti.

50. Bravo, continúa.

SUSANA

Queste le grazie son, questa la cura ch'egli prende di te, della tua sposa.

51. De ahí los favores y las atenciones que tiene para ti y para tu esposa.

FÍGARO

Oh, guarda un po', che carità pelosa!

52. ¡Cuidado con esas atenciones!

SUSANA

Chetati, or viene il meglio, Don Basilio, mio maestro di canto, e suo mezzano, nel darmi la lezione mi ripete ogni di questa canzone.

53. Calla, ahora viene lo mejor, Don Basilio, mi maestro de canto, que es su alcahuete y al darme la lección todos los días me repite la misma canción.

FÍGARO

Chi! Basilio! Oh birbante!

54. ¿Quien? ¡Basilio! ¡Oh, bribón!

SUSANA

E tu credevi che fosse lamia dote merto del tuo bel muso?

55. ¿Y tú creías que medió la dote por tu bella cara?

FÍGARO

Me n'era lusingato.

56. Yo me sentía halagado.

SUSANA

Ei la destina per ottenere da mecerte mezz'ore che il diritto feudale...

57. El me la dio para obtener de mi ciertos favores que el derecho feudal...

FÍGARO

Come! Né feudi suoi non l'ha il Conte abolito?

58. ¡Como! ¿El Conde había abolido en su feudo esos derechos, no?

SUSANA

Ebben, ora è pentito, e par che tenti riscattarlo da me.

59. Si pero ya se arrepintió y quiere reinstalarlos por mí.

FÍGARO

Bravo! Mi piace! Che caro signor Conte!
Ci vogliam divertir, trovato avete...
Chi suona? La Contessa.

60. ¡Bravo! ¡Me gusta! ¡Querido señor Conde!
Te quieres divertir, has encontrado...
¿Quién llama? La Condesa.

SUSANA

Addio, addio, addio, Fígaro bello.

61. Adiós, adiós, adiós, Fígaro bello.

FÍGARO

Coraggio, mio tesoro.

62. Ten valor, tesoro mío.

SUSANA

E tu, cervello.

63. Y tú, ten cerebro.

(Parte.)

FÍGARO

Bravo, signor padrone!
Ora incomincio a capir il mistero
e a veder schietto tutto il
vostro progetto a Londra, e vero?
Voi ministro, io corriero, e la
Susana secreta ambasciatrice,
non sarà, non sarà. Fígaro il dice.

Se vuol ballare, signor Contino,
il chitarrino le suonerò.
Se vuol venire nella mia
scuola, la capriola le insegnerò, si.
Saprò, saprò, ma piano
meglio ogni arcano
dissimulando scoprir potrò.
L'arte schermendo, l'arte adoprando
di qua pungendo, di là scherzando
tutte le macchine rovescerò
Se vuol ballare, etc.

64. ¡Bravo, señor, patrón!
¿Ahora comienzo a entender el misterio
y ver claro todo vuestro proyecto
de Londres, es así?
Tu ministro, yo correo, y Susana
embajadora secreta, pero no se non
te hará, lo dice Fígaro.

Si quieres bailar, señor Conde
la guitarrita te tocaré.
Si quieres venir a mi escuela
la cabriola te enseñaré, sí.
Aprenderás, aprenderás pero despacio todos
los secretos
disimulando podrás descubrir.
El arte de pinchar, y de engañar,
aquí peleando, allá jugando
todas las máquinas vas a volcar
Si quieres bailar, etc.

Sale y entra el doctor Bartolo con Marcelina, con un contrato en la mano.

BARTOLO

Ed aspettaste il giorno fissato
per le nozze a parlarmi di questo?

65. ¿Y te esperaste hasta el día fijado
para la boda para hablarme de esto?

MARCELLINA

Io non mi perdo, dottor mio,
di coraggio per romper de sponsali
più avanzati di questo bastò
spesso un pretesto; ed egli ha meco
altre questo contrato, certi impegni
so, io basta... conviene la Susana
atterrir, convien con arte
impuntigliarla a rifiutare il Conte,
egli per vendicarsi prenderà il mio
partito, e Fígaro così fia mio marito.

66. No he perdido doctor mío,
el valor para romper esponsales
más avanzados que éstos,
solo basta un pretexto, y aquí lo tengo
además de éste contrato cierta promesa... yo
sé... conviene a atemorizar a Susana,
conviene inducirla con arte
a rechazar al Conde, y él para vengarse
tomará partido por mí,
y así Fígaro será mi marido.

BARTOLO

Bene, io tutto, senza riserve
tutto a me palesate.

Avrei pur gusto di dare in moglie
la mia serva antica a chi mi fece
un di rapir l'amica.

La vendetta, oh, la vendetta
è un piacer serbato ai saggi
l'obliar l'onte e gli oltraggi,
è bassezza, è ognor viltà.
Coll'astuzia... coll'arguzia
col giudizio... col criterio
si potrebbe... il fatto è serio
ma credete si farà.
Se tutto il codice dovessi volgere
se tutto l'indice dovessi leggere
con un equivoco, con un sinonimo
qualche garbuglio si troverà.
Se tutto il codice, etc....
Tutta Siviglia conosce Bartolo,
il birbo Fígaro vinto sarà etc.

(Toma el contrato.)

67. Bien, yo lo haré todo,
sin reserva tenme enterado de todo.
(Para sí.)
Tendré el gusto de darle por
mujer a mi vieja sirvienta a
quien un día se llevó a Susana.

La venganza, oh, la venganza
es un placer reservado para los sabios,
el humillar, el ultrajar
es bajeza y es vileza
Con astucia... con argucias
con juicio con criterio
se podría... el hecho es serio
pero créanlo, se hará.
Si todo el código debiera leer
si todo el índice debiera leer
con un equívoco, con un sinónimo
cuando desorden encontraría.
Si todo el código, etc....
Toda Sevilla conoce a Bartolo
el bribón Fígaro será vencido.
(Parte.)

MARCELLINA

Tutto ancor non ho perso;
mi resta la speranza.
Ma Susana si avanza.
Io vo' provarmi... fingiam di no vederla.
E quella buona perla la vorrebbe sposar!

68. Todavía no he perdido todo;
me queda la esperanza.
Pero Susana se acerca.
Yo quiero probar... fingiré no verla.
¡Y ésta es la perla que él quiere desposar!

(Entra Susana.)

SUSANA
Di me favella.

69. Chismea acerca de mí.

MARCELLINA
Ma da Fígaro alfine non può
meglio sperarsi, argent fait tout.

70. Pero de Fígaro no se puede
esperar nada bueno, l'argent fait tout.

SUSANA
Ché lingua! Manco male,
che ognun sa quanto vale.

71. ¡Qué lengua! Menos mal,
que todos saben cuánto vale.

MARCELLINA
Brava! Questo è giudizio!
Con quegli occhi modesti,
con quell'aria pietosa, e poi...

72. ¡Bravo! ¡Esto es juicio!
Con esos ojos modestos,
con ese aire conmovedor, y luego...

SUSANA
Meglio è partir.

73. Es mejor irme.

MARCELLINA
Che cara sposa!

Via resti servita, madama brillante.

74. ¡Qué esposa tan bonita!
*(Ellos dos van a encontrarse
en la puerta. Haciendo una reverencia.)*
Vete, ya fuiste servida, magnífica dama.

SUSANA
Non sono sì ardita, madama piccante.

(Hace una reverencia.)
75. No soy tan atrevida, madama picante.

MARCELLINA
No, primo a lei tocca.

(Hace una reverencia.)
76. No, a usted le toca primero.

SUSANA
No, no tocca a lei.

77. No, no le toca a usted.

MARCELLINA
No, primo a lei tocca.

78. No, a usted le toca primero.

SUSANA
No, no tocca a lei.

79. No, no le toca a usted.

MARCELLINA, SUSANA
Io so i dover miei
non fo inciviltà.

80. Yo conozco mis deberes
no tengo malas maneras.

MARCELLINA
La sposa novella!

81. ¡La nueva esposa!

SUSANA
La dama d'onore!

82. ¡La dama de honor!

MARCELLINA
Del Conte la bella!

83. ¡La bella del Conde!

SUSANA
Di Spagna l'amore!

84. ¡El amor de España!

MARCELLINA
I meri ti...

85. Los méritos...

SUSANA
L'abito!...

86. ¡El vestido!...

MARCELLINA
Il posta!

87. ¡Tú posición!

SUSANA
La età...

88. Tu edad...

MARCELLINA
Per Bacco precipito se ancor,
se ancor resto qua.

89. Por Baco, me enfermo
si continúo aquí.

SUSANA
Sibilla decrepita
da rider mi fa.

90. Sibila decrépita
me haces reír.

MARCELLINA
Via resti servita.

91. Vete, quedas servida.

SUSANA
Non seno si ardita.

92. No soy tan atrevida.

MARCELLINA
La sposa novella, etc.

93. La nueva esposa, etc.

SUSANA
La dama d'onore, etc.

94. La dama de honor, etc.

(Marcellina parte furibunda.)

SUSANA Va' là vecchia pedante, dottoressa arrogante, perché hai letto due libri, e seccata Madama in gioventù.	95.	Vete vieja pedante y arrogante solo porque has leído dos libros; fuiste Madama latosa en tu juventud.

(Entra Cherubino.)

CHERUBINO Sussanetta, sei tu?	96.	¿Susanita, eres tú?
SUSANA Son io, cosa volete?	97.	¿Soy yo, que cosa quieres?
CHERUBINO Ah, cor mio, che accidente!	98.	¡Ah, corazón mío, qué problema!
SUSANA Cor vostro? Cosa avvenne?	99.	¿Corazón tuyo? ¿Qué pasó?
CHERUBINO Il Conte ieri, perché trovommi sol con Barbarina, il congedo mi diede, e se la Contessina, la mia comare, grazia non m'intercede, io non ti vedo più, Susana mia.	100.	El Conde ayer me encontró solo con Barbarina, y me despidió, y si la Condesa, mi bella protectora no hubiera intercedido por mí, no te volvería a ver más, Susana mía.
SUSANA Non vedete più me! Bravo! Ma dunque non più perla Contessa segretamente il vostro cor sospira!	101.	¡No verte más! ¡Bravo! ¡Pero entonces por la Condesa ya no suspirará secretamente tú corazón!
CHERUBINO Ah, che troppo rispetto ella m'inspira. Felice te, che puoi vederla quando vuoi, che la vesti il mattino, che la sera la spogli che le metti gli spilloni, i merletti... Ah, se in tuo loco. Cos'hai lì? Dimmi un poco...	102.	Ah, qué gran respeto ella me inspira. Feliz tú, que puedes verla cuando la vistes en la mañana, que la desvistes en la noche, la peinas, le atas su lazo... Ah, así en tu lugar... estuviera. ¿Qué tienes ahí? Dime un poco...
SUSANA Ah, il vago nastro e la notturna cuffia, di comare si bella.	103.	Ah, el bello moño y la bata de noche de tu bella amiga.
CHERUBINO Deh, dammelo sorella, dammelo per pietà.	104.	Dámelo hermanita, dámelo por piedad.

(Le arrebata el moño.)

SUSANA

Presto quel nastro.

105. Rápido, dame el moño.

CHERUBINO

Oh, caro, oh bello oh fortunato nastro!
Io non te l'renderò che colla vita!

106. ¡Oh, querido, bello, oh, moño afortunado
moño! ¡No te lo daré, ni con mi vida!

SUSANA

Cos'e quest'insolenza?

107. ¿Qué es ésta insolencia?

CHERUBINO

Eh, via, sta cheta! In ricompensa
poi questa mia canzonetta io ti vo dare.

108. ¡Calla! En recompensa te daré
ésta cancioncilla mía.

(Saca un papel de su bolsa.)

SUSANA

E che ne debbo fare?

(Lo toma.)

109. ¿Y qué hago con ella?

CHERUBINO

Leggila alla padrona, leggila tu medesma,
leggila a Barbarina, a Marcellina...
leggila ad ogni donna del palazzo!

110. ¡Léesela a la patrona, léela tu misma,
léesela a Barbarina, a Marcellina...
léesela a todas las mujeres del palacio!

SUSANA

Povero Cherubino, siete voi pazzo?

111. ¿Pobre Cherubino, estás loco?

CHERUBINO

Non so più cosa son, cosa faccio or di
foco, ora sono di ghiaccio,
ogni donna cangiar di colore,
ogni donna mi fa palpitar.

Solo ai nomi d'amor, di diletto, mi si
turba, mi s'altera il petto e a parlare mi
sforza d'amore un desio ch'io non posso
spiegar.

Non so più cosa son etc.
Parlo d'amor vegliando,
parlo d'amor sognando, all'acque,
all'ombre, ai monti, ai fiori, all'erbe,
ai fonti, all'ecco, all'aria, ai venti, che il
suon de vani accenti portano via con sé.

112. No sé que soy, ni que hago,
de fuego ahora soy, luego soy de hielo, todas
las mujeres me hacen cambiar,
todas hacen palpitar mi corazón.

La mención del amor, me deleita,
me turba, me altera el corazón y me forzar a
hablar de amor, es un deseo que no puedo.

No sé qué cosa soy etc.
Despierto habló de amor, soñando,
hablo de amor, al agua, a las sombras,
a los montes, a las flores, a las hierbas,
a al eco, al aire, a los vientos, que llevan
el sonido de mis acentos.

CHERUBINO *(continuato)*

Parlo d'amor vegliando etc.
E se non ho chi m'oda,
parlo d'amor con me.

Despierto hablo de amor etc.
Y si no tengo quien me oiga,
hablo de amor conmigo.

(Se oye afuera la voz del Conde, Cherubino asustado se esconde detrás de una poltrona.)

CHERUBINO

Ah! Son perduto!

113. ¡Ah! ¡Estoy perdido!

SUSANA

Che timor... Il Conte! Misero me!

114. Qué temor... ¡El Conde! ¡Pobre de mí!

(Entra el Conde.)

CONDE

Susana, tu mi sembri agitata
e confusa.

115. Susana, me parece que estás agitada
y confusa.

SUSANA

Signor... io chiedo scusa...
ma se mai qui sorpresa... per carità
partite!

116. ¡Señor... pero si alguien lo sorprende aquí...
por favor, váyase!

(El Conde se sienta en la poltrona y le toma la mano.)

CONDE

Un momento e ti lascio. Odi.

117. Un momento y te dejo. Escucha.

SUSANA

Non odo nulla.

118. No escucho nada.

CONDE

Due parole, tu sai che ambasciatore
Londra il Re mi dichiarò
di condur meco Figaro destinai.

119. Dos palabras, tu sabes que el Rey
nombró embajador en Londres di
y me llevaré a Fígaro conmigo.

SUSANA

Signor... se osassi...

120. Señor... si así lo hicieras...

CONDE

Parla, parla mia cara!
E con quell dritto, ch'oggi prendi su me
finché tu vivi, chiedi, imponi prescrivi.

121. ¡Habla, habla querida!
Y con el derecho que tienes mientras vivas,
pide, exige, ordena.

SUSANA

Lasciatemi, signor, dritti non prendo, non
ne vo', non ne intendo. Oh, me infelice!

122. Déjame señor, no asumo derechos
y no' los quiero. ¡Pobre de mí!

CONDE

Ah, no Susanna, io ti vo' far felice,
Tu ben sai quant'io t'amo;
a te Basilio tutto già disse, or senti se per
pochi momenti meco in giardin
sull'imbrunir del giorno...
ah per questo favore io pagherei...

123. Ah, no Susana, yo te haré feliz
Tu bien sabes cuánto te amo;
Basilio te lo dice todo, ahora
oye, si por unos momentos,
en el jardín, al atardecer...
por éste favor yo te pagaré...

BASILIO

E uscito poco fa.

(Desde afuere.)
124. Hace poco que salió.

CONDE

Chi parla?

125. ¿Quién habla?

SUSANA

Oh, dei!

126. ¡Dios mío!

CONDE

Esci, ed alcun non entri.

127. Vete, y que no entre nadie.

SUSANA

Ch'io vi lascio qui solo?

128. ¿Y te dejo aquí solo?

BASILIO

Da Madama ei sarà, vado a cercarlo.

129. Debe estar con Madama, voy a buscarlo.

CONDE

Qui dietro me porrò...

(Señalando la poltrona.)
130. Allí detrás me podré...

SUSANA

Non vi celate.

131. No te escondas.

CONDE

Taci, e cerca ch'ei parta.

132. Calla, y haz que se vaya.

SUSANA

Ohimè.... Che fate?

133. ¿Cielos, que haces?

El Conde se esconde detrás de la poltrona, Cherubino, se pasa para adelante a los pies de Susana y ella lo cubre con un vestido. Entra Basilio.

BASILIO
Susanna, il ciel vi salvi,
avreste a caso veduto il Conte?

134. ¿Susana, que el cielo te salve,
acaso has visto al Conde?

SUSANA
E cosa deve far meco il Conte?
Animo uscite.

135. ¿Y que estaría haciendo el Conde aquí?
Vamos, vete.

BASILIO
Aspettate, sentite, Fígaro di lui cerca.

136. Espera, escucha, Fígaro lo busca.

SUSANA
Oh, cielo!
Ei cerca chi dopo voi più l'odia...

137. ¡Oh, cielo!
El busca a quién después de ti lo odia...

CONDE
Veggiam come mi serve.

138. Veamos cómo me sirve.

BASILIO
Io non ho mai nella moral sentito
ch'uno ch'ama la moglie odi
il marito per di che il Conte v'ama.

139. Yo nunca he oído que la moral diga que uno
que ama a la mujer tenga que odiar al
marido, por lo que el Conde te ama.

SUSANA
Sortite, vil ministro dell'altrui sfrenatezza
io non ho d'uopo della vostra morale,
del Conte, del suo amor.

140. Sal de aquí, vil ministro del desenfreno,
yo no tengo tu moral, ni quiero
el amor del Conde.

BASILIO
Non c'è alcun male. Ha ciascuno
i suoi gusti; io mi credea che preferir
doveste per amante come fan tutte
quante, un signor liberal prudente e
saggio,
a un giovinastro a un paggio.

141. No tiene nada de malo. Cada quien
tiene sus gustos; yo creía que tu preferirías
por amante, como lo hacen todas,
a un señor liberal y sabio,
que a un jovenzuelo o a un paje.

SUSANA
A Cherubino!

142. A Cherubino!

BASILIO
A Cherubino, a Cherubino d'amore
ch'oggi sul far del giorno passeggiava qui
d'intorno per entrar.

143. A Cherubino, a Cherubino de amor
que hoy por la mañana paseaba
por aquí, con la idea de entrar.

SUSANA
Uomo maligno, un impostura è questa.

144. Hombre maligno, eso es una falsedad.

BASILIO
E un maligno con voi, chi ha gli occhi in testa. E quella canzonetta ditemi in confidenza, io sono amico, ed altrui nulla dico, è per voi, per Madama.

145. Es un maligno contigo que tienes los ojos puestos en tu cabeza, aquella cancioncita, dímelo en confianza, yo soy amigo, y no digo nada, por ti y por Madama.

SUSANA
Chi diavol gliel'ha detto?

146. ¿Qué diablos, ha dicho?

BASILIO
A proposito, figlia istruitelo meglio, egli la guarda a tavola si spesso, e con tale immodestia che se il Conte s'accorge, e sul sapete, egli è una bestia.

147. A propósito, hija instrúyelo mejor, él te mira en la mesa y con tanta inmodestia que si el Conde se da cuenta, en tal punto, tal punto, sábelo él es una bestia.

SUSANA
Scellerato! E perché andate voi tal menzogne spargendo?

148. ¡Desgraciado! ¿Y por qué andas tú esparciendo tales mentiras?

BASILIO
Io! Che ingiustizia! Quel che compro io vendo, a quel che tutti dicono, io non aggiungo un pelo.

149. ¿Yo? ¡Qué injusticia! Yo compro que vendo, a lo que todos dicen yo no le agrego ni un pelo.

CONDE
Come! Che dicon tutti?

(Sale de su escondite.)
150. ¡Como! ¿Qué dicen todos?

BASILIO
Oh, bella!

151. ¡Oh, qué bello!

SUSANA
Oh, cielo!

152. ¡Cielos!

CONDE
Cosa sento!
Tosto andate, e scacciate il seduttor.

153. ¡Que oigo! Vete ya,
y saca de aquí al seductor.

BASILIO
In mal punto son qui giunto;
perdonate, o mio signor.

154. Llegué en muy mal momento;
perdona mi señor.

SUSANA
Che ruina, me meschina
son oppressa dal dolor!

155. ¡Estoy arruinada, pobre de mí,
estoy oprimida por el terror!

CONDE
Tosto andate, etc.

156. Vete ya, etc.

BASILIO
In mal punto, etc.

157. En mal momento, etc.

SUSANA
Che ruina, etc.

158. Estoy arruinada, etc.

A punto de desmayarse.

CONDE, BASILIO
Ah! Già svien la poverina!
Come, oh Dio, le batte il cor.

(Sosteniéndola.)
159. ¡Ah! ¡Se desmayó la pobrecita!
Como oh Dios le late el corazón.

BASILIO
Pian, pianin su questo seggio...

160. Despacito, en ésta silla...

SUSANA
Dove sono? Cosa veggio!
Che insolenza, andate fuor.

(Volviendo en sí.)
161. ¿En dónde estoy? ¿Que veo?
¡Qué insolencia, salgan de aquí!

BASILIO
Siamo qui per aiutarvi,
è sicuro il vostro onor.

162. Estamos aquí para ayudarte,
tu honor está seguro.

CONDE
Siamo qui per aiutarti non turbarti,
o mio tesor.

163. Estarnos aquí para ayudarte
no te turbes tesoro mío.

BASILIO
Ah del paggio quel ch'ho detto era
solo un mio sospetto.

164. Ah, lo que dije del paje era
solo una sospecha.

SUSANA
E un'insidia, una perfidia
non credete all'impostor.

165. Es una pérfida insidia,
no le creas al impostor.

CONDE
Parta, parta il damerino.

166. Que se vaya el mujeriego.

SUSANA, BASILIO
Poverino.

167. Pobrecito.

CONDE
Poverino, poverino!
Ma da me sorpresa ancor!

168. ¡Pobrecito, pobrecito!
¡Lo sorprendí otra vez!

SUSANA
Come?

169. ¿Como?

BASILIO
Che?

170. ¿Que?

SUSANA
Che?

171. ¿Que?

BASILIO
Come?

172. ¿Como?

SUSANA, BASILIO
Come? Che?

173. ¿Como? ¿Que?

CONDE
Da tua cugina,
l'uscio ier trovai rinchiusa picchio,
m'apre Barbarina paurosa fuor dell'uso,
io, dal muso insospettito,
guardo, cerco in ogni sito,
ed alzando pian pianino il tappeto
al tavolino, vedo il paggio.

174. Ayer encontré cerrada
la puerta de tu prima;
toco, me abre Barbarina con un miedo,
que no acostumbra entonces sospecho,
miro, busco en todo lugar,
y alzando despacito el tapete
de la mesita veo al paje.

Levanta el vestido que cubre a Cherubino.

Ah! Cosa veggio!

¡Qué cosa veo!

SUSANA
Ah, crude stelle!

175. ¡Ah, suerte cruel!

BASILIO
Ah, meglio ancora.

176. ¡Ah, otra vez!

CONDE
Onestissima signora,
or capisco come va!

177. ¡Honestísima señora,
ahora entiendo cómo vas!

SUSANA
Accader non può di peggio giusti Dei,
che mai sarà!

178. ¡No puedo caer más bajo justo Dios,
qué más pasará!

BASILIO

Così fan tutte le belle
non c'è alcuna novità!
Ah, del paggio quel che ho detto
era solo un mio sospetto.

179. ¡Asilo hacen todas las mujeres
no es ninguna novedad!
Ah, lo que te he dicho del paje
era solo una sospecha mía.

CONDE

Restate, che baldanza!
E quale scusa se la colpa è evidente?

180. ¡Espérate, que valor!
¿Cuál es la excusa si la culpa es evidente?

SUSANA

Ed io che senta, andate.

181. Y yo que oiga, anda ve.

CONDE

Restate, che baldanza!
E quale scusa se la colpa è evidente?

182. ¡Espérate, que valor!
¿Cuál es la excusa si la culpa es evidente?

SUSANA

Non ha d'uopo di scusa un'innocente.

183. Una inocente no tiene excusa.

CONDE

Ma costui quando venne?

184. ¿Y éste cuando entró?

SUSANA

Egli era meco, quando voi qui giungeste.
E mi chiedea d'impegnar la padrona a
intercedergli grazia il vostro arrivo in
scompiglio lo pose, ed allor in quel loco
si nascose.

185. Estaba conmigo cuando tú aquí llegaste.
Y quería que yo le rogara a la patrona
para que interceda en su favor;
tu arribo lo asustó y entonces
se escondió en ese lugar.

CONDE

Ma s'io stesso m'assisi,
quando in camera entrai!

186. ¡Pero yo me senté
cuando entré en tu recámara!

CHERUBINO

Ed allora di dietro io mi celai.

187. Yo estaba escondido detrás.

CONDE

E quando io là mi posi?

188. ¿Y cuando yo me puse ahí?

CHERUBINO

Allor io pian mi volsi e
qui m'ascosi.

189. Entonces, callado me moví y
aquí me puse.

CONDE

Oh ciel!
Dunque ha sentito tutto
quello ch'io ti dicea!

190. ¡Oh cielos!
¡Entonces ha oído
aquello que te dije!

CHERUBINO

Feci per non sentir quanto potea.

191. Hice todo cuanto pude para no oír.

CONDE

Oh perfidia.

192. Qué mal está eso.

BASILIO

Frenatevi, vien gente.

193. Cálmate, viene gente.

CONDE

E voi restate qui, picciol serpente.

(A Cherubino.)
194. Y tú quédate aquí, pequeña serpiente.

Entran algunos campesinos seguidos por Fígaro con un velo blanco en la mano.

CORO

Giovani liete, fiori spargete davanti
il nobile nostro signor
Il suo gran core vi serba intatto
d'un più bel fiore l'almo candor.

195. Jóvenes alegres, flores esparcen,
delante de nuestro noble señor.
Su gran corazón observa el candor
de la más bella flor.

CONDE

Cos'è questa commedia?

196. ¿Qué es ésta comedia?

FÍGARO

Eccoci in danza, secondami cor mio.

(En voz baja a Susana.)
197. Ahora, secúndame, corazón mío.

SUSANA

Non ci ho speranza.

198. No hay esperanza.

FÍGARO

Signor, non isdegnate questo del nostro affetto meritato tributo or che aboliste un diritto si ingrato a chi ben ama...

199. Señor, no desdeñes nuestro afectuoso y merecido tributo ahora que aboliste un derecho ingrato para quien bien te ama...

CONDE

Quel dritto or non v'è più,
cosa si brama?

200. ¿Ese derecho ya no existe más,
que es lo que quieren?

FÍGARO

Della vostra saggezza il primo frutto oggi noi coglierem: le nostre nozze si son già stabilite ora voi tocca costei, che un vostro dono illibata serbò coprir di questa simbolo d'onestà candida vesta.

201. De tu sagacidad el primer fruto hoy recogeremos: nuestras bodas ya están arregladas, ahora te toca darnos tu inmaculado regalo vestido con éste símbolo de honestidad de blanca pureza.

CONDE

Diabolica astuzia! Ma fingere convien.
Son grato, amici, ad un senso si onesto!
Ma non merto per questo né tributi,
né lodi, e un dritto ingiusto
ne miei feudi abolendo a natura,
al dover lor dritti io rendo.

202. ¡Diabólica astucia! Me conviene fingir.
¡Son gratos, amigos, sus sentimientos de
honestidad! Pero no merezco ni tributo,
ni loas; era un derecho injusto
y al abolirlo en mis feudos solo cumplí
con mi deber natural.

TUTTI

Evvíva, evviva, evviva!

203. ¡Viva, viva, viva!

SUSANA

Che virtù!

204. ¡Cuánta virtud!

FÍGARO

Che giustizia!

205. ¡Qué justicia!

CONDE

A voi prometto compier la cerimonia.
Chiedo sol breve indugio;
io voglio in faccia de' miei più fidi, e con
più ricca pompa rendervi appien felici.

Marcellina si trovi?
Andate amici!

206. Les prometo hacer la ceremonia.
Quiero solo su breve indulgencia;
yo quiero frente a mis más fieles, con
gran pompa hacerlos plenamente felices.
(Para sí.)
¿En dónde está Marcellina?
¡Vamos amigos!

CORO

Giovani lieti, fiori spargete...

207. Jóvenes alegres, flores...

(Parten.)

FÍGARO

Evviva!

208. ¡Viva!

SUSANA

Evviva!

209. ¡Viva!

BASILIO Evviva!	210.	¡Viva!
FÍGARO E voi, non applaudite?	211.	*(A Cherubino.)* ¿Y tú, no aplaudes?
SUSANA È afflitto, poveretto perché il padron lo scaccia dal castello.	212.	Está afligido, pobrecito porque el patrón lo saca del castillo.
FÍGARO Ah! In un giorno si bello!	213.	¡Ah! ¡Y en un día tan bello!
SUSANA In un giorno di nozze!	214.	¡En un día de bodas!
FÍGARO Quando ognuno v'ammira.	215.	*(Al Conde.)* Cuando todos te admiran.
CHERUBINO Perdono, mio signor.	216.	Perdón, mi señor.
CONDE Nol meritate.	217.	No lo mereces.
SUSANA Egli è ancora fanciullo.	218.	Él todavía es un muchacho.
CONDE Men di quel che tu credi.	219.	Menos de lo que crees.
CHERUBINO E ver, mancai; ma dal mio labbro...	220.	Es verdad, fallé; pero yo juro...
CONDE Ben mio, io vi perdono; anzi farò di più, vacante è un pesto d'uffizial nel reggimento mio; io scelgo, voi partite tosto, addio.	221.	Bien, yo te perdono y aun haré más por ti; hay un puesto vacante de oficial en mi regimiento; ve allá inmediatamente, adiós.
SUSANA, FÍGARO Ah! Fin domani sol...	222.	¡Ah! Mañana...
CONDE No, parta tosto.	223.	No, que se vaya ahora.

CHERUBINO

A ubbidirvi, signor, son già disposto.

224. Estoy dispuesto a obedecerlo.

CONDE

Via, per l'ultima volta
la Susanna abbracciate.

Inaspettato è il colpo.

225. Vete, por última vez,
abraza a Susana.
(Para sí.)
Es un golpe inesperado.

(El Conde y Basilio parten.

FÍGARO

Ehi, capitano, a me pure la mano
Io vo parlarti pria che tu parta.
Addio, picciolo Cherubino!
Come cangia in un punto il tuo destino.
Non più andrai, farfallone amoroso notte
e giorno d'intorno girando
delle belle turbando il riposo.
Narcisetto, Adoncino d'amor,
Non più avrai questi bei pennacchi ni,
quel capello leggiero e galante quella
chioma, quell'aria brillante
quel vermiglio donnesco color.
Non più andrai etc.
Tra guerriere poffar Bacco!
Gran mustacchi, stretto sacco,
schioppo in spalla, sciabola al fianco,
collo dritto, muso franco, o un gran
casco, o un gran turbante a molto onor,
poco contante, ed invece del fandango,
una marcia per il fango.
Per montagne, per valloni
colle nevi e i solleoni
al concerto di tromboni,
di bombarde, di cannoni,
che le palle in tutti i tuoni
all'orecchio fan fischiar. Cherubino,
alla vittoria, alla gloria militar!

226. Ahi capitán, dame tu mano
Quiero hablarte antes de que tu partas.
¡Adiós pequeño Cherubino!
Como cambia en un momento tu destino.
Ya no andarás más mariposa amorosa,
día y noche girando en torno
a las bellas, turbando su reposo.
Narcicito, Adonis de amor,
Ya no tendrás esos bellos penachos,
ni aquel sombrero ligero y galante,
aquella melena, aquel aire brillante,
aquel rosado color.
Ya no andarás etc.
¡Entre guerreros jurar por Baco!
Gran mostacho, estrecho saco,
mochila en la espalda, espada al flanco,
cuello duro, gesto adusto, o un gran casco, o
un gran turbante, mucho honor,
poco contante, y en vez del fandango
una marcha por el fango.
Por montañas y por valles,
con la nieve, y con el sol
al concierto de trompetas,
de bombardas, de cañones,
con las balas en todos los tonos
silbando en las orejas. ¡Cherubino,
a la victoria, a la gloria militar!

Salen marchando como soldados.

Acto II

La cámara de la Condesa, a la derecha la puerta de ingreso a la izquierda la puerta de un gabinete; al fondo una puerta que da a la cámara de Susana; a un lado una ventana.
La Condesa se encuentra sola.

CONDESA

Porgi amor, qualche ristoro,
al mio duolo, a miei sospir!
O mi rendi il mio tesoro,
o mi lascia almen morir!
Porgi amor, etc.

Vieni cara Susanna, finiscimi l'istoria.

227. ¡Otórgame amor, aquel alivio
a mi duelo, a mi suspirar!
¡Devuélveme mi tesoro,
o al menos déjame morir!
Otórgame amor, etc.
(Entra Susana.)
Ven querida Susana, termina la historia.

SUSANA

E già finita.

228. Ya está terminada.

CONDESA

Dunque volle sedurti?

229. ¿Entonces quiso seducirte?

SUSANA

Oh il signor Conte non fa tal
complimenti colle donne mie pari;
egli venni a contratto di danari.

230. Oh el señor Conde no tiene tales
atenciones con las mujeres de mi rango;
el viene con un contrato de dinero.

CONDESA

Ah, il crudel più non m'ama!

231. ¡Ah, el cruel, ya no me arna!

SUSANA

E come poi è geloso di voi?

232. ¿Y cómo es que está celoso por ti?

CONDESA

Come lo seno i moderne mariti!
Per sistema infedeli, per genio capricciosi
e per orgoglio poi tutti gelosi.
Ma se Fígaro t'ama... ei sol potria...

233. ¡Como son los maridos modernos!
Infieles por sistema, con genio caprichoso,
y por vanidad muy celosos.
Pero si Fígaro te ama... él solo podría...

Italiano		Español
FÍGARO		*(Entrando.)*
La, la, la, la, la.	234.	La, la, la, la, la.
SUSANA		
Eccolo, vieni amico, Madama impaziente...	235.	Aquí vienes amigo, Madama está impaciente...
FÍGARO		
A voi non tocca stare in pena per questo. Alfin di che si tratta? Al signor Conte piace la sposa mia indi segretamente ricuperar vorria il diritto feudale; possibile è la cosa è naturale	236.	Madama, tú no tienes que estar a penada por esto. ¿Al fin, de que se trata? Al señor Conde le gusta mi esposa, entonces en secreto podría restablecer el derecho feudal, lo cual es posible y natural.
CONDESA		
Possibil?	237.	¿Posible?
SUSANA		
Natural?	238.	¿Natural?
FÍGARO		
Naturalissima, e se Susanna vuol possibilissima.	239.	Naturalísimo, y si Susana quiere, posibilismo.
SUSANA		
Finiscila una volta.	240.	Termina de una vez.
FÍGARO		
Ho già finito. Quindi prese il partito di sceglier me corriere e la Susanna consigliera segreta d'ambasciata; e perch'ella ostinata ognor rifiuta il diploma d'onor che le destina minaccia di protegger Marcellina, questo è tutto l'affare.	241.	He terminado ya. Después me escoge como correo, y a Susana como consejera secreta de la embajada; y ella obstinada, se rehúsa a aceptar el diploma de honor que le asigna, el la amenaza con favorecer a Marcellina, éste es todo el asunto.
SUSANA		
Ed hai coraggio di trattar scherzando un negozio si serio?	242.	¿Y tú tienes el valor de tratar bromeando un asunto así de serio?

FÍGARO

Non vi basta che scherzando io ci pensi?
Ecco il progetto: Per Basilio un biglietto
io gli fi capitar che l'avvertisca
ci certo appuntamento che per l'ora
del ballo a un amante voi deste...

243. ¿No es suficiente que bromeando yo piense?
He aquí el plan: Que Basilio encuentre una
nota que le advierta
de cierta cita que a la hora
del baile tienes con un amante...

CONDESA

Oh, ciel! Che sento!
Ad un uom si geloso...

244. ¡Oh, cielos! ¡Que oigo!
Con un hombre así de celoso...

FÍGARO

Ancora meglio, cosi potrem più
presto imbarazzarlo, confonderlo
imbrogliarlo pronto rovesciargli i progetti,
empierlo di sospetti, e porgli in testa
che la moderna festa ch'ei di fare a me
tenta, altri a lui faccia,
Onde qua perda il tempo,
ivi la traccia, cosi quasi ex abrupto
e senza ch'abbia fatto per frastornarci
alcun disegno vien l'ora delle nozze,
e in faccia a a lei non fia ch'osi
d'opporsi ai voti miei.

245. Tanto mejor, así podremos más
embarazarlo, confundirlo embrollarlo,
derribar sus planes
llenarlo de sospechas y meterle
en la cabeza que la moderna
fiesta que él me hace,
otros a él se la pueden hacer.
Para que pierda el tiempo mientras
sigue rastro, y así sin exabruptos
llegará la hora de la boda y
con Madama de nuestro lado, él no
se atreverá a oponerse al casamiento.

SUSANA

E ver, ma indi lui vece s'opporrá
Marcellina.

246. Cierto, pero en su lugar se opondrá
Marcellina.

FÍGARO

Aspetta! Al Conte farai subito dir
che verso sera attendati in giardino.
Il picciol Cherubino per mio consiglio
non ancor partito, da femmina vestito,
faremo che in sua vece ivi sen vada:
questa è l'unica strada, onde Monsú
sorpresa la Madama sia costretto a far poi
che si brama

247. ¡Espera! Al, Conde le haremos saber, que
por la tarde en el jardín, tú lo esperaras.
El pequeño Cherubino que aún no se ha
ido, vestido de mujer, tomará tu lugar.
Esta es la única forma en que Monsieur
pueda ser descubierto por la Madama y
lo obligue a hacer lo que él predica.

CONDESA

Che ti par?

248. ¿Che ti par?

SUSANA

Non c'è mal.

249. No está mal.

CONDESA

Nel nostro caso...

250. En nuestro caso...

SUSANA

Quand'egli è persuaso...

251. Cuando él sea persuadido...

CONDESA

E dove è il tempo?

252. ¿Tenemos tiempo?

FÍGARO

Ito è il Conte alla caccia,
e per qualch'ora non sarà di ritorno,
ro vado, e tosto Cherubino vi manda
lascio a voi la cura di vestirlo.

253. El Conde se fue de cacería,
y no regresará antes de una hora.
Yo voy y te mando a Cherubino te dejo
el encargo de vestirlo.

CONDESA

E poi?

254. ¿Y después?

FÍGARO

E poi?
Se vuol ballare, signor Contino
il chitarrino le suonerò, si, etc.

255. ¿Y después?
Si quiere bailar, señor Conde
la guitarrita le tocaré, si, etc.

CONDESA

Quanto duolmi, Susanna che questo
giovinotto abbia del Conte le stravaganze
udite! Ah, tu non sai! Ma per qual
causa mai da me stessa ei non venne?
Dov'è la canzonetta?

256. ¡Cómo me duele, Susana, que éste
jovencito haya oído las tonterías del Conde!
¡Ah, tú no sabes! ¿Pero cuál es
la causa por la cual el no vino conmigo?
¿En dónde está la cancioncita?

SUSANA

Eccola, appunto facciam che ce la canti.
Zitto, vien gente.
É desso avanti, avanti signor uffiziale.

257. Aquí está, hagamos que te la cante.
Shh, viene gente.
Es él adelante, adelante señor oficial.

(Entra Cherubino.)

CHERUBINO

Ah, non chiamarmi con nome si fatale!
Ei mi rammenta che abbandonar degg'io
comare tanto buona.

258. ¡No me llamen con ese nombre fatal!
Me recuerda que debo abandonar
a mi buena protectora.

SUSANA

E tanto bella!

259. ¡Y tan bella!

CHERUBINO
Ah, sì, certo.

260. Ah, sí, es cierto.

SUSANA
Ah, sì, certo, ipocritone!
Va presto la canzone che stamane
a me deste a Madama cantate.

261. ¡Ah, sí cierto, hipócrita!
Rápido la canción que ésta mañana
me diste, cántasela a Madama.

CONDESA
Chi n'è l'autor?

262. ¿Quién es el autor?

SUSANA
Guardate, egli ha due brace
di rossor sulla faccia.

263. Mira, él se ha sonrojado.

CONDESA
Prendi la mia chitarra, e l'accompagna.

264. Toma mi guitarra y acompáñalo.

CHERUBINO
Io sono sì tremante;
ma se Madama vuole...

265. Yo estoy nervioso;
pero si Madama lo desea...

SUSANA
Lo vuole, si, lo vuol. Manco parole.

266. Si lo desea. Basta de palabrería.

CHERUBINO
Voi che sapete, cos'e amor.
donne vedete, s'io l'ho nel cor.
Quello ch'io provo, vi ridirò,
e per me nuovo, capir nol so.
Sento un affetto pien di desir
ch'ora è diletto, ch'ora è martir.
Gelo, e poi sento l'alma avvampar,
e in un momento torno a gelar.
Ricerco un bene fuori di me,
non so chi'l tiene, non so cos'e.
Sospiro e gemo senza valer,
palpito e tremo senza saper;
non trovo pace notte, né di,
ma pur mi piace languir cosi,
Voi che sapete... etc.

267. Tu que sabes qué es el amor
las mujeres ven si lo llevo en el corazón.
Aquello que pruebo te lo diré,
es para mí nuevo, y no lo sé entender. Siento
un afecto lleno de deseo,
que ahora es placer y luego martirio es.
Me hielo y luego siento mi alma arder,
y en un momento me vuelvo a helar.
Busco un bien fuera de mí,
no sé quién lo tiene, no sé qué cosa es.
Suspiro y gimo sin querer,
palpito y tiemblo sin saber;
no encuentro paz ni de noche ni de día,
pero me gusta languidecer así.
Tu que sabes... etc.

CONDESA
Bravo! Che bella voce!
Io non sapea che cantaste si bene.

268. ¡Bravo! ¡Qué bella voz!
Yo no sabía que cantaras tan bien.

SUSANA
Oh, in verità egli; fa tutto ben quello
ch'ei fa. Presto a noi bel soldato;
Fígaro v'informò...

269. Oh, en verdad él hace bien todo lo
que hace. Rápido ven bello soldado;
Fígaro te informó...

CHERUBINO
Tutto mi disse.

270. Me dijo todo.

SUSANA
Lasciatemi veder; andrà benissimo siam
d'uguale statura... giù quel manto.

271. Déjame ver; todo irá muy bien;
somos de la misma estatura...
dame ese manto.

CONDESA
Che fai?

272. ¿Qué haces?

SUSANA
Niente paura.

273. No tengas miedo.

CONDESA
E se qualcuno entrasse?

274. ¿Y si alguien entrase?

SUSANA
Entri, che mal facciamo?
La porta chiuderò. Ma come poi
acconciargli i capelli?

275. ¿Que entre, qué de malo hacemos?
Cerraré la puerta. ¿Pero cómo
podemos arreglarle el cabello?

CONDESA
Una mia cuffia prendi nel gabinetto,
Presto! Che carta è quella?

276. ¡Toma una cofia de mi gabinete,
Rápido! ¿Qué es esa carta?

CHERUBINO
La patente.

277. El nombramiento.

CONDESA
Che sollecita gente!

278. ¡Qué gente tan solícita!

CHERUBINO
L'ebbi or da Basilio.

279. La traje para Basilio.

CONDESA
Dalla fretta obliato hanno il sigillo.

280. Con las prisas olvidaste el sello.

SUSANA
Il sigillo di che?

281. ¿Cuál sello?

CONDESA
Della patente.

282. Del nombramiento.

SUSANA
Cospetto! Che premura! Ecco la cuffia.

283. ¡Cielos qué apuro! Aquí está la cofia.

CONDESA
Spicciati, va bene miserabili noi,
noi, se il Conte viene.

284. Apúrense, pobres de nosotros
si el Conde llega.

SUSANA
Venite, inginocchiatevi, restate fermo lì!
Pian, piano, ora via giratevi,
bravo, va ben cosi,
la faccia ora volgetemi, olà!
Quegli occhi a me, drittissimo
guardatemi, Madama qui non è. Più alto
quel colletto
quel ciglio un po' più basso,
le mani sotto il petto, vedremo
poscia il passo quando sarete in pie.
Mirate il bricconcello,
mirate quanto è bello!
Che furba guardatura,
che vezzo, che figura!
Se l'amano le femmine,
han certo il lor perché.

285. ¡Ven, arrodíllate, y quédate quieto!
¡Despacio, despacito, ahora gira,
bravo vamos bien así,
ahora voltea la cara, hola!
No me mires así, mírame derechito,
Esta no es Madama. Mas alto el cuello,
las pestañas un poco abajo,
las manos en el pecho, veamos
como caminas cuando te pongas de pie.
¡Miren al bribonzuelo,
mírenlo qué bello!
¡Que pícara expresión,
qué gracia, qué figura!
Si las mujeres lo aman ellas
saben bien porqué.

CONDESA
Quante buffonerie!

286. ¡Cuánta bufonería!

SUSANA
Ma se ne sono io medesma gelosa!
Ehi! Serpentello, volete tralasciar
d'esser si bello?

287. ¡Pero si yo misma estoy celosa!
¡Eh! ¿Serpientilla, quieres dejar
de ser tan guapo?

CONDESA
Finiam le ragazzate;
or quelle maniche oltre il gomito gli alza,
onde più agiatamente l'abito gli si adatti.

288. Terminemos a la muchachita;
las mangas arriban del codo para que le
quede más confortable el vestido.

SUSANA
Ecco!

(Alzándole la manga.)
289. ¡Ahi está!

CONDESA
Più indietro, così, che nastro

290. ¿Más atrás, así, qué cinta es esa?

SUSANA
E quel ch'esso involommi.

291. Es aquella que él me robó.

CONDESA
E questo sangue?

(Tomando la cinta.)
292. ¿Y esta sangre?

CHERUBINO
Quel sangue... io non so come poco pria
sdrucciolando... in un sasso la pelle io mi
sgraffiai e la piaga col nastro io mi fasciai.

293. Esa sangre... yo no sé cómo, hace poco me
resbalé sobre... una roca y me hice un
rasguño que me vendé con la cinta.

SUSANA
Mostrate: non è mal; cospetto!
Ha il braccio più candido del mio!
Qualche ragazza

294. ¡Muéstralo: no es malo; cielos!
¡Tiene el brazo más blanco que el mío!
¡Qué muchacha!

CONDESA
E seguì a far la pazza? Va nel gabinetto,
e prendi un poco d'inglese taffetà,
ch'e sullo scrigno.

295. ¿Seguimos con la broma? Ve a mi gabinete
y toma un poco de tafeta inglesa
que está sobre el joyero.

(Susana entra al gabinete.)

In quanto al nastro, inver, per
il colore mi spiacea di privarmene.

En cuanto a la cinta, por su color no
me gustaría deshacerme de ella.

SUSANA
Tenete, e da legargli il braccio?

296. ¿Cómo le vendamos el brazo?

CONDESA
Un altro nastro prende insieme col.

297. Toma otra, cinta y tráela.

CHERUBINO
Ah, più presto m'avria quello guarito!

298. ¡Ah, Aquella me hubiera curado más pronto!

CONDESA
Perché? Questo è migliore?

299. ¿Por qué es mejor éste?

CHERUBINO
Allor che un nastro... legò la chioma...
ovver toccò la pelle d 'oggetto...

300. Porque una cinta que estuvo en el pelo, que
tocó la piel de la persona...

CONDESA
Forestiero, è buon perle ferite non è vero?
Guardate qualità ch'io non sapea!

301. ¿El importado es bueno para las heridas verdad? ¡Tiene cualidades que yo no conocía!

CHERUBINO
Madama scherza,
ed io frattanto parto.

302. La Madama está jugando,
yo mientras tanto me voy.

CONDESA
Poverin! Che sventura!

303. ¡Pobrecito! ¡Qué infelicidad!

CHERUBINO
Oh, me infelice!

304. ¡Oh, pobre de mí!

CONDESA
Or piange...

305. Ahora llora...

CHERUBINO
Oh ciel! Perché morir non lice!
Forse vicino all'ultimo momento questa bocca oseria...

306. ¡Cielos! ¡Por qué no puedo morir!
Quizás en el último momento ésta boca osaría...

CONDESA
Siate saggio, cos'è questa follia?

Chi picchia alla mia porta?

307. ¿Este cuerdo? ¿Qué es esta locura?
(Tocan a la puerta.)
¿Quién toca a mi puerta?

CONDE
Perché è chiusa?

308. ¿Por qué está cerrada?

CONDESA
Il mio sposo! Oh Dei! Son morta.
Voi qui senza mantello! In questo stato...
un ricevuto foglio, la sua gran gelosia...

309. ¡Mi esposo! ¡Dios! Estoy muerta.
¡Y tu sin una manta! En ésas fachas...
la carta, sus tremendos celos...

CONDE
Cosa indugiate?

310. ¿Por qué la demora?

CONDESA
Son sola, ah, sì... son sola.

311. Estoy sola, ah, si... sola.

CONDE
E a chi parlate?

312. ¿Y con quién hablabas?

CONDESA
A voi... certo... a voi stesso.

313. A ti... si a ti por supuesto.

CHERUBINO

Dopo quel ch'e successo... il suo furore... non trovo altro consiglio

314. Después de aquel suceso... no tengo otra alternativa...

(Corre y se esconde en el vestidor.)

CONDESA

Ah, mi difenda il cielo in tal periglio!

315. ¡Que el cielo me defienda de éste peligro!

(La Condesa cierra con llave el vestidor, la guarda y corre a abrirle al Conde.)

CONDE

Che novità! Non fu mai vostra usanza di rinchiudervi in stanza.

316. ¡Esto es nuevo! No acostumbrabas encerrarte en tu estancia.

CONDESA

E ver... ma io stava qui mettendo.

317. Cierto, pero yo estaba guardando.

CONDE

Via, mettendo.

318. Si, guardando.

CONDESA

Certe robe, era meco la Susanna che in sua camera è andata.

319. Ciertas ropas, Susana, estaba con migo, pero se fue a su cuarto.

CONDE

Ad ogni modo voi non siete tranquilla. Guardate questo foglio.

320. De cualquier modo, tú no estás tranquila. Mira ésta carta.

CONDESA

Numi! E il foglio che Fígaro gli scrisse.

(Para sí.)

321. ¡Dios! Es la carta que Fígaro le escribió.

Se oye un ruido dentro del vestidor.

CONDE

Cos'è codesto strepito? In gabinetto qualche cosa è caduta.

322. ¿Qué es ese ruido? Algo se cayó en el vestidor.

CONDESA

Io non intesi niente.

323. Yo no oí nada.

CONDE

Convien che abbiate i gran pensieri in mente.

324. Se ve que tienes muchas cosas en la mente.

CONDESA
Di che'?
325. ¿Cómo qué?

CONDE
Là v'è qualcuno.
326. Hay alguien allí.

CONDESA
Chi volete che sia?
327. ¿Quién podría ser?

CONDE
Lo chiedo a voi; io vengo in questo punto.
328. Dímelo tú, yo apenas llegué.

CONDESA
Ah, si... Susanna... appunto...
329. Ah, si... Susana... ciertamente.

CONDE
Che passò, mi diceste, alla sua stanza.
330. Qué pasó, me dijiste, que estaba en su estancia.

CONDESA
Alla sua stanza, o qui, non vidi bene.
331. En su estancia o aquí, no vi bien.

CONDE
Susanna, e donde viene che siete si turbata?
332. ¿Susana, y porqué estas tan turbada?

CONDESA
Perla mia cameriera?
333. ¿Por mi camarera?

CONDE
Io non so nulla; ma turbata senz' altro.
334. Yo no sé nada; pero tu éstas turbada.

CONDESA
Ah, questa serva piu che non turba me, turba voi stesso.
335. Ah, ésta sirvienta no me turba,
te turba más a ti.

CONDE
E vero, é vero. E lo vedrete adesso.
336. Es verdad, y ahora lo verás.

Susana entra por la puerta del fondo y cuida de que el Conde no la vea.
El Conde toca a la puerta del vestidor.

Susanna, or via sortite,
sortite, cosi vo.

Susana, ahora sal de ahí,
quiero que salgas.

CONDESA
Fermatevi, sentite, sortire ella non puo.

337. Espera y escucha, ella no puede salir.

SUSANA
Cos'é codesta lite? Il paggio dove andó?

338. ¿Qué es ese pleito? ¿A dónde fue el paje?

CONDE
E chi vietarlo or osa? Chi?

339. ¿Y quién osa prohibirlo? ¿Quién?

CONDESA
Non è dunque Susana?

340. ¿Entonces no es Susana?

CONDE
Lo vieta, lo vieta, l'onestá.
Un abito da sposa provando ella si stá.

341. Lo prohíbe la honestidad.
Ella se está probando el vestido de novia.

CONDESA
Bruttissima é la cosa chi sa,
cosa sará.

342. La cosa es muy clara quién sabe
qué cosa será.

SUSANA
Capisco qualche cosa,
veggiamo come va.

343. Entiendo cualquier cosa veamos,
qué cosa pasa.

CONDE
Susana.

344. Susana.

CONDESA
Fermatevi!

345. ¡Espera!

CONDE
Or via sortite!

346. Sal de ahí.

CONDESA
Sentite!

347. ¡Escucha!

CONDE
Sortite!

348. ¡Sal!

CONDESA
Fermatevi!

349. ¡Espera!

CONDE
Io cosi vo.

350. Yo asilo quiero.

CONDESA
Sortire ella non puo.

351. Ella no puede salir.

CONDE
Dunque parlate almeno,
Susanna, se qui siete?

352. ¿Entonces que por lo menos hable,
Susana, estas ahí?

CONDESA
Nemmen, nemmen, nemmeno,
io v'ordino, tacete.

353. No, no, no, no,
yo te ordeno que te calles.

CONDE
Consorte mia, giudizio, un scandalo,
un disordene, schiviam per caritá!

354. ¡Ten juicio, consorte mía, evitemos un
escándalo, un desorden, por caridad!

SUSANA
Oh, ciel! Un precipizio, un scandalo,
un disordine, qui certo nascerá!

355. ¡Cielos! ¡Un precipicio, un escándalo,
un desorden, aquí va a comenzar!

CONDESA
Consorte mio giudizio, un scandalo,
un disordine, schiviam, per caritá!

356. ¡Ten juicio, consorte mío, un escándalo,
un desorden, evitemos por caridad!

CONDE
Dunque voi non aprite?

357. ¿Entonces no vas a abrir?

CONDESA
E perché deggio le mie camere aprir?

358. ¿Y por qué debo abrir mi cámara?

CONDE
Ebben, lasciate, l'aprirem senza chiavi.
Ehi, gente!

359. Está bien, la abriré sin llaves.
¡Hei, sirvientes!

CONDESA
Come? Porreste a repentaglio d'una dama
l'onore?

360. ¿Como? ¿Pondrías en peligro el honor de
una dama?

CONDE
E vero, io sbaglio, posso senza scandalo
alcun di nostra gente andar io stesso
a prender l'occorrente.
Attendete pur qui-ma perché
in tutto sia il mio dubbio distrutto
aneo le porte io prima chiudero.

361. Es cierto, me equivoqué, yo puedo
sin escandalizar a nuestra gente,
ir a traer lo necesario.
Espera aquí,
para quitarme las dudas,
primero cerraré la puerta.

Cierra con llave la puerta del fondo.

CONDESA
Che imprudenza.

362. Qué imprudencia.

CONDE

Voila condicendenza di venir meco
avrete? Madama, eccovi il braccio,
andiamo!

363. ¿Tendrías la bondad de venir conmigo?
¡Madama, aquí está mi brazo, vamos!

CONDESA

Andiamo!

364. ¡Vamos!

CONDE

Susanna stará qui finché torniamo.

365. Susana estará aquí cuando volvamos.

Parten. Susana sale de la alcoba en donde se escondía y corre a la puerta del vestidor.

SUSANA

Aprite, presto, aprite, aprite, é la Susanna;
sortite, via sortite andate, via di qua.

366. Abre, rápido, abre, abre, es Susana;
vete, rápido, vete anda, largo de aquí.

CHERUBINO

Ohimé! Che scena orribile!
Che gran fatalitá!

(Sale confuso.)

367. ¡Cielos! ¡Qué escena tan horrible!
¡Qué desastre!

SUSANA

Di qua... di lá...

368. Por aquí... por allá...

CHERUBINO

Che gran fatalitá!

369. ¡Qué desastre!

SUSANA, CHERUBINO

Le porte son serrate, che mai sará?

370. ¿Las puertas están cerradas, qué va a pasar?

CHERUBINO

Qui perdersi non giova.

371. No tiene caso estar aquí.

SUSANA

V'uccide se vi trova.

372. Si te encuentra, te mata.

CHERUBINO

Veggiamo un po qui fuori,
dá proprio nel giardino.

(Mira por la ventana.)

373. Mira, aquí afuera está el jardín.

(Se prepara para saltar.)

SUSANA

Fermate, Cherubino, fermate per pietá!

(Deteniéndolo.)

374. ¡Detente Cherubino, detente por piedad!

CHERUBINO

Qui perdersi non giova.

375. No tiene caso estar aquí.

SUSANA

Fermate Cherubino.

376. Detente Cherubino.

CHERUBINO

M'uccide se mi trova

377. Me mata si me encuentra.

SUSANA

Tropp'alto per un salto Fermate
per pietá.

378. Está muy alto para saltar Detente
por piedad.

CHERUBINO

Lasciami, lasciami!
Pria di nuocerle nel foco volerei!
Abbraccio, te per lei!
Addio! Cosi si fa!

379. ¡Déjame, déjame!
¡Antes que perjudicarla me arrojaría al fuego!
¡Te doy un abrazo para ella!
¡Adiós! ¡Así se hace!

Salta por la ventana.

SUSANA

Ei va perire, Oh Dei!
Fermate per pietá!

Oh, guarda il demonieto come fugge!
E gia un miglio lontano,
ma non perdiamci invano;
entriam del gabinetto;
venga poi lo smargiasso,
io qui l'aspetto.

380. ¡Él va a morir! ¡Oh Dios!
¡Detente por piedad!
(Corre a mirar.)
¡Miren al diablillo como huye!
Ya corrió una milla,
pero no lo perderemos todo;
entraré en el vestidor,
y cuando lleguen,
yo estaré esperándolos.

Entra en el vestidor y cierra por dentro.
Llegan la Condesa y el Conde.

CONDE

Tutto é come il lasciai:
volete dunque aprir voi stessa o deggio...

381. Todo está como lo dejamos:
quieres entonces abrir tú, o yo...

CONDESA

Ahimé! Fermate, e ascoltatemi un poco,
mi credete capace di mancar al dover?

382. ¡Cielos! ¿Espera y escúchame...
me crees capaz de faltar a mis deberes?

CONDE

Come vi piace, entro quel gabinetto
chi v'é chiuso vedró.

383. Como quieras, entraré al vestidor
y veré quién está encerrado.

CONDESA

Si, lo vedrete, ma uditemi tranquillo.

384. Si, lo verás, pero escúchame tranquilo.

CONDE
Non é dunque Susanna?

385. ¿Entonces no es Susana?

CONDESA
No, ma invece é un oggeto che ragion
di sospetto non vi deve lasciar
per questa sera... una burla innocente...
di farsi disponeva... ed io vi giuro che
l'onor... l'onestá...

386. No, en su lugar, es algo que debido
a tus sospechas, no debo dejarte
ver en ésta tarde... una broma inocente...
estábamos planeando y yo te juro que el
honor... la honestidad...

CONDE
Chié dunque? Dite... L'uccideró.

387. ¿Entonces dime quién es? Lo mataré.

CONDESA
Sentite... ah non ho cor!

388. ¡Escucha... ah, yo no tengo corazón!

CONDE
Parlate!

389. ¡Habla!

CONDESA
E un fanciullo...

390. Es un muchacho...

CONDE
Un fanciul?

391. ¿Un muchacho?

CONDESA
Si... Cherubino...

392. Si... Cherubino...

CONDE
E mi fará il destino ritrovar
questo paggio in ogni loco!
Come? Non é partito? Scellerati!
Ecco i dubbi spiegati, ecco l'embroglio,
ecco il raggiro onde m'avverte il foglio.

393. ¡Mi destino, es encontrar a éste
paje en todas partes! ñ
¿Cómo? ¿No se había ido? ¡Villano!
Ahí están mis dudas, ahí está el embrollo,
y el engaño de los que me advierte la carta.

Va furioso a la puerta del vestidor.

Esci ormai, garzon malnato
sciagurato, non tardar.

Sal ya, garzón malnacido
desgraciado, no tardes.

CONDESA
Ah, signore, quel furore!
Per lui fammi il cor tremar.

394. ¡Ah, señor, cuánto furor!
Me hace temblar el corazón.

CONDE
E d'opporvi ancor osate?

395. ¿Y aun te opones?

CONDESA
No, sentite.

396. No, escucha.

CONDE
Via, parlate!

397. ¡Vamos, habla!

CONDESA
Giuro al cielo ch'ogni sospetto
e lo stato in che il trovate sciolto
il collo, nudo il petto...

398. Juro al cielo que toda sospecha
y el estado en que lo encontraras;
el cuello abierto, el pecho desnudo...

CONDE
Sciolto il collo?
Nudo il petto! Seguitate!

399. ¿El cuello abierto?
¡El pecho desnudo! ¡Continua!

CONDESA
Per vestir femminee spoglie...

400. Para vestirlo de mujer...

CONDE
Ah! Comprendo, indegna moglie;
mi vó tosto vendicar.

401. ¡Ah! Comprendo indigna mujer;
me quiero vengar.

CONDESA
Mi fa torto quel trasporto
m'oltraggiate a dubitar.

402. Me ofende ese arrebato
tus dudas me ultrajan.

CONDE
Ah, comprendo indegna moglie
mi vó tosto vendicar.
Quá la chiave!

403. Ah, comprendo mujer indigna
me quiero vengar.
¡Dame la llave!

CONDESA
Egli é innocente...

404. Él es inocente...

CONDE
Qua la chiave!

405. ¡Dame la llave!

CONDESA
Egli é innocente. Voi sapete...

406. Tú sabes que él es inocente...

CONDE
Non so niente!
Va lontan dagli occhi miei un'infida,
un'empia sei, e mi cerchi d'infamar!

407. ¡Yo no sé nada!
¡Quítate de mí vista eres una infiel,
una impía y me quieres humillar!

CONDESA
Vado... Si... Ma...

408. Me voy... Si... Pero...

CONDE
Non acolto.

409. No oigo.

CONDESA
... Ma...

410. ... Pero...

CONDE
... non as col to...

411. ... no oigo...

CONDESA
... non son rea!

(Le da la llave al Conde.)
412. ... ¡No soy culpable!

CONDE
Vél leggo in volto!
Mora, mora, piu non sia ria cagion
del mio penar.

413. ¡Leo en tu rostro!
Que muera, que muera y no sea más
la causa de mi penar.

CONDESA
Ah, la cieca gelosia,
quale ecceso gli fa far!

414. ¡Ah, los celos son ciegos,
cuántos excesos le hacen hacer!

El Conde desenvaina la espada y abre la puerta del vestidor. Sale Susana.

CONDE
Susana!

415. ¡Susana!

CONDESA
Susana!

416. ¡Susana!

SUSANA
Signare! Cos'e quel stupore?
Il brando prendete, il paggio uccidete,
quel paggio malnato vedetelo qua.

417. ¡Señor! ¿Por qué tanto estupor?
Toma la espada, mata al paje,
ese paje malnacido que tu aquí ves.

CONDE
Che scola!
La testa girando mi va!

418. ¡Una revelación!
¡Mi cabeza está girando!

CONDESA
Che storia é mai questa, Susanna v'é lá!

419. ¡Qué cuento es éste, Susana estaba allí!

SUSANA
Confusa han la testa,
non san come va!

420. ¡Tienen la cabeza confusa,
no saben qué pasó!

CONDE
Sei sola?

421. ¿Estás sola?

SUSANA
Guardate, qui ascoso sará.

422. Mira si alguien está aquí.

CONDE
Guardiamo, qui ascoso sará...

423. Miremos quien está ahí...

(Entra en el vestidor.)

CONDESA
Susanna, son morta...
il fiato mi manca.

424. Susana, estoy muerta...
me falta el aliento.

SUSANA
Piú lieta, piu franca, in salvo é di giá.

425. Alégrate, sinceramente él ya está a salvo.

CONDE
Che sbaglio mai presi!
Appena lo credo; se a torto v'offesi
perdono vi chiedo, ma far burla simile é
poi crudeltá

426. ¡Qué error cometí!
Apenas lo creo; soy culpable, te he ofendido
te pido perdón pero hacer esas bromas es
una crueldad.

CONDESA, SUSANA
Le vostre follie non mertan pietá.

427. Tus locos actos no merecen perdón.

CONDE
Io v'amo!

428. ¡Yo te amo!

CONDESA
Nol dite!

429. ¡No lo digas!

CONDE
Vel giuro!

430. ¡Te lo juro!

CONDESA
Mentí te! Son l'empia,
l'infida ch'ognora v'inganna.

431. ¡Mientes! Soy la impía,
la infiel, que trata de engañarte.

CONDE
Quell'ira, Susanna m'aita a calmar.

432. Qué coraje, Susana ayúdame a calmarla.

SUSANA
Cosi si condanna chi puó sospettar.

433. Así se condena el que pudo desconfiar.

CONDESA
Adunque la fede d'un anima amante si
fiera mercede doveva sperar?

434. ¿Entonces la fe de un alma amante debe
esperar tan feroz agradecimiento?

CONDE
Quell'ira, Susanna, etc.

435. Qué coraje, Susana, etc.

SUSANA
Cosí si condanna, etc.
Signora!

436. Así se condena etc.
¡Señora!

CONDE
Resina!

437. ¡Resina!

CONDESA
Crudele! Piu quella non sono!
Ma il misero oggetto del vostro
abbandono che avete diletto di far
disperar.
Crudele, crudele!
Soffrir si gran torto quest'alma non sa.

438. ¡Cruel! Ya no soy más que el mísero
objeto de vuestro abandono
que disfrutas haciéndolo desesperar.
¡Cruel, cruel!
Esta alma no sabe sufrir tanto.

CONDE
Confuso, pentito, son troppo punito;
abbiate pietá.

439. Confuso, arrepentido, y muy castigado
ten piedad de mí.

SUSANA
Confuso, pentito, é troppo punito,
abbiate pietá.

440. Confuso, arrepentido está muy castigado,
ten piedad de él.

CONDE
Ma il paggio rinchiuso?

441. ¿Y el paje encerrado ahí?

CONDESA
Fu sol per provarvi.

442. Fue solo para probarte.

CONDE
Ma il tremiti, i palpiti?

443. ¿Y el temblor y el nerviosismo?

CONDESA
Fu sol per burlarvi.

444. Fue para burlarme de ti.

CONDE
E un foglio si barbare?

445. ¿Y esa tremenda carta?

SUSANA, CONDESA
Di Fígaro é il foglio,
e a voi per Basilio.

446. Es una carta de Fígaro,
para ti y te la llevó Basilio.

CONDE
Ah, perfidi... io voglio...

447. Ah, pérfidos... yo quiero...

SUSANA, CONDESA
Perdono non merta
chi agli altri non dá.

448. No merece perdón
el que a otros no lo da.

CONDE
Ebben, se vi piace comune é la pace;
Resina inflessibile con me non sará.

449. Bien, si les parece hagamos las paces;
Resina ya no será inflexible conmigo.

CONDESA
Ah, quanto Susanna, son dolce di core!
Di donne al furore chi piu crederá?

450. ¡Ah, Susana, soy de corazón dulce!
¿Quién va a creer en mi furia?

SUSANA
Cogli uomin signora, girate, volgete,
vedrete che ognora si cade poi lá.

451. Con los hombres, señora, gira, transfórmate,
y verás que su orgullo se desvanece pronto.

CONDE
Guardatemi!

452. ¡Mírame!

CONDESA
Ingrato!

453. ¡Ingrato!

CONDE
Guardatemi!

454. ¡Mírame!

CONDESA
Ingrato!

455. ¡Ingrato!

CONDE
Guardatemi, ho torto, e mi pento.

456. Mírame, te he ofendido y me arrepiento.

SUSANA, CONDESA, CONDE
Da questo momento quest'alma a
conoscerla vi apprender potrá.

457. Desde éste momento trataremos de conocer
nuestras almas.

(Entra Fígaro.)

FÍGARO

Signori, di fuori son gia i suonatori le trombe sentite i pifferi udite tra canti, tra balli de vostri vassalli corriamo, voliamo le nozze a compir.

458. Señores, ahí afuera están ya los músicos Escuchen la trompeta oigan las flautas entre cantos y bailes de vuestros vasallos corramos, volemos, la boda a realizar.

CONDE

Pian, piano, men fretta.

459. Despacio, despacio, menos prisa.

FÍGARO

La turba m'aspetta.

460. La gente está esperando.

CONDE

Pian piano, men fretta,
un dubbio toglietemi in pria di partir.

461. Despacio, despacio, menos prisa
quítenme una duda, antes de partir.

SUSANA, CONDESA, FÍGARO

La cosa é scabrosa, com'ha da finir...

462. La cosa está muy escabrosa cómo va a terminar...

CONDE

Con arte le carte convien qui scoprir...
Conoscete signor Fígaro quiesto foglio chi vergó?

463. Con arte mis cartas conviene aquí jugar...
¿Conoces señor Fígaro a quién escribió ésta carta?

(Le enseña la carta.)

FÍGARO

Nol conosco!

464. ¡No lo conozco!

SUSANA

Nol conosco?

465. ¿No lo conoces?

FÍGARO

No!

466. ¡No!

CONDESA

Nol conosci?

467. ¿No lo conoces?

FÍGARO

No!

468. ¡No!

CONDE

Nol conosci?

469. ¿No lo conoces?

FÍGARO

No!

470. ¡No!

SUSANA, CONDESA, CONDE
Nol conosci?

471. ¿No lo conoces?

FÍGARO
No, no, no!

472. ¡No, no, no!

SUSANA
E nol desti a Don Basilio?

473. ¿Y no se la diste a Don Basilio?

CONDESA
Per recarlo...

474. Para llevarlo...

CONDE
Tu c'intendi?

475. ¿Entiendes tú?

FÍGARO
Oibó, oibó!

476. ¡Cielos, cielos!

SUSANA
E non sai del damerino...

477. Y no sabes del mujeriego...

CONDESA
Che stasera nel giardino...

478. Que ésta tarde en el jardín...

CONDE
Gia capisci?

479. ¿Ya entendiste!

FÍGARO
Io non lo so.

480. Yo no lo sé.

CONDE
Cerchi invan difeso escusa il tuo ceffo giá t'accusa, vedo ben che vuoi mentir.

481. No busques defensa ni excusa tú cara fea te acusa, veo bien que tu mientes.

FÍGARO
Mente il ceffo, io gia non mento.

482. Miente mi cara, pero yo no.

SUSANA, CONDESA
Il talento aguzzi invano, palesato abbiam l'arcano, non v'é nulla da ridir.

483. El talento aguzas en vano hemos descubierto el secreto que no tiene nada para reír.

CONDE
Che rispondi?

484. ¿Qué respondes?

FÍGARO
Niente! Niente!

485. ¡Nada! ¡Nada!

CONDE
Dunque accordi?

486. ¿Entonces lo admites?

FÍGARO
Non accordo!

487. ¡No lo admito!

SUSANA, CONDESA
Eh via chetati, balordo,
la burletta ha da finir.

488. ¡Ya! Cállate tonto,
termina con tu burla.

FÍGARO
Per finirla lietamente
e all'usanza teatrale, un'azion
matrimoniale le faremo ora seguir.

489. Para terminarla alegremente
y a la usanza teatral, una acción matrimonial
tendrá lugar a seguir.

SUSANA, CONDESA, FÍGARO
Deh, signor nol contrastate,
consolate i miei desir.

490. Señor, no insistas
y concede mis deseos.

CONDE
Marcellina, Marcellina!
Quanto tardi a comparir!

491. ¡Marcelina! ¡Marcelina!
¡Cuánto tardas en llegar!

Entra Antonio el jardinero llevando una vasija llena de claveles aplastados.
Se encuentra medio ebrio.

ANTONIO
Ah! Signor, signor!

492. ¡Ah! ¡Señor, señor!

CONDE
Cosa é stato'?

493. ¿Qué pasa?

ANTONIO
Ché insolenza! Chi'l fece? Chi fu?

494. ¡Qué insolencia! ¿Quién lo hizo?

SUSANA, CONDESA, CONDE, FÍGARO
Cosa dici, cos'hai, cosa é nato?

495. ¿Qué dices? ¿Qué pasa?

ANTONIO
Ascoltate!

496. ¡Escuchen!

SUSANA, CONDESA, CONDE, FÍGARO
Via, parla! Di su!

497. ¡Vamos habla!

ANTONIO

Ascoltate!
Dal balcone che guarda in giardino
mille cose ogni di gittar veggio,
e poc'anzi, puo darsi di peggio,
vidi un uom, signor mio, gittar giu.

498. ¡Escuchen!
Del balcón que mira al jardín
he visto lanzar mil cosas pero hoy,
no podría ser peor, vi que de ahí
lanzaron a un hombre.

CONDE

Dal balcone?

499. ¿Del balcón?

ANTONIO

Vedete i garofani.

500. Mira éstos claveles.

CONDE

In giardino?

501. ¿En el jardín?

ANTONIO

Si!

502. ¡Si!

SUSANA, CONDESA

Fígaro, all'erta!

503. ¡Fígaro, alístate!

CONDE

Cosa sento?

504. ¿Qué oigo?

SUSANA, CONDESA, FÍGARO

Costui ci sconcerta
quel briaco che viene a far qui?

505. ¿Ese tipo ha descompuesto
todo al llegar aquí borracho?

CONDE

Dunque un uom, ma dov'e gito?

506. ¿Entonces un hombre, y en dónde?

ANTONIO

Ratto, ratto, il birbone é fuggito
e ad un tratto di vista m'usci.

507. El bribón huyó como una rata
y lo perdí de vista.

SUSANA

Sai che il paggio...

(A Fígaro.)
508. Tú sabes, el paje...

FÍGARO

So tutto, lo vidi.
Ah, ah, ah, ah!

(A Susana.)
509. Lo sé todo, lo vi.
¡Ja, ja, ja, ja!

CONDE

Taci lá!

510. ¡Cállate!

FÍGARO
Ah, ah, ah, ah!

511. ¡Ja, ja, ja, ja!

ANTONIO
Cosa ridi?

512. ¿De qué te ríes?

FÍGARO
Ah, ah, ah, ah!
Tu sei cotto dal sorger del di.

513. ¡Ja, ja, ja, ja!
Estas chiflado desde que amanece.

CONDE
Or ripetimi, ripetimi,
un uom dal balcone?

(A Antonio.)
514. ¿Repíteme, repíteme,
un hombre desde el balcón?

ANTONIO
Dal balcone.

515. Desde el balcón.

CONDE
In giardino?

516. ¿Al jardín?

ANTONIO
In giardino.

517. Al jardín.

SUSANA, CONDESA, FÍGARO
Ma signore, se in lui parla il vino.

518. Pero señor, si en él lo que habla es el vino.

CONDE
Segui pure, né in volto il vedesti?

519. ¿Continua, y no le viste el rostro?

ANTONIO
No, nol vidi.

520. No, no lo vi.

SUSANA, CONDESA
Olá, Fígaro ascolta!

521. ¡Hey, Fígaro escucha!

CONDE
Si?

522. ¿Si?

ANTONIO
Nol vidi.

523. No lo vi.

FÍGARO
Via piangione, stá zitto una vol ta!
Per tre soldi da fare un tumulto giacché
il fatto non puo stare occulto,
sono io stesso saltato di li!

524. ¡Vete llorón, y por una vez cállate!
¡Por tres céntimos haces un escándalo,
y desde que el hecho no puede quedar
oculto, fui yo mismo quien saltó de ahí!

CONDE
Chi! Voi stesso?

525. ¡Quien! ¿Tú mismo?

SUSANA, CONDESA
Che testa! Che ingegno!

526. ¡Qué listo! ¡Qué ingenio!

FÍGARO
Che stupor!

527. ¡Qué lio!

ANTONIO
Chi! Voi stesso?

528. ¡Quién! ¿Tú mismo?

SUSANA, CONDESA
Che testa! Che ingegno!

529. ¡Qué listo! ¡Qué ingenio!

FÍGARO
Che stupor!

530. ¡Qué lio!

CONDE
Giá creder non posso

531. No lo puedo creer.

ANTONIO
Come mai diventasti si grosso?
Dopo il salto non fosti cosi.

(A Fígaro.)
532. ¿Cómo es que te hiciste tan alto?
Después del salto no eras así.

FÍGARO
A chi salta succede cosi.

533. Asile sucede al que salta.

ANTONIO
Ch'il direbbe?

534. ¿Quién lo dice?

SUSANA, CONDESA
Ed insiste quel pazzo?

(A Fígaro.)
535. ¿E insiste ese loco?

CONDE
Tu che dici?

(A Antonio.)
536. ¿Y tú qué dices?

ANTONIO
A me parve il ragazzo...

537. A mí me parece el muchacho...

CONDE
Cherubino?

538. ¿Cherubino?

SUSANA, CONDESA
Maledetto! Maledetto!

539. ¡Maldito! ¡Maldito!

FÍGARO
Esso appunto, da Seviglia
a cavallo qui giunto
da Seviglia ove forse sará.

540. En éste momento, a Sevilla
estará llegando a caballo,
desde Sevilla donde será.

ANTONIO
Questo no;
che il cavallo io non vidi saltare di lá.

541. No fue así;
yo no vi el caballo cuando él saltó.

CONDE
Ché pazienza!
Finiam questo ballo!

542. ¡Qué paciencia!
¡Terminemos con éste lio!

SUSANA, CONDESA
Come mai, giusto ciel finirá?

543. ¿Cielos, como va a terminar esto?

CONDE
Dunque tu?

544. ¿Entonces tú?

FÍGARO
Saltai giu...

545. Salté...

CONDE
Ma perché?

546. ¿Pero por qué?

FÍGARO
Il timor...

547. El temor...

CONDE
Che timor?

548. ¿Cuál temor?

FÍGARO
Lá rinchiuso
aspettando quel caro visetto...
tippe, tappe un sussurro fuor d'uso,
voi gridaste... Io scritto biglietto...
saltai giu dal te-rrore confuso,
e stravolto m'ho un nervo del pie.

549. Allí encerrado
esperando su querido rostro luego
un susurro inusual tu gritaste...
sentí temor por la carta que escribí...
salté aterro rizado y me lastimé
un nervio del pie.

ANTONIO
Vostre dunque saran queste carte
che perdeste.

(Mostrando una carta.)
550. Entonces esta carta que perdiste
debe ser tuya.

CONDE
Olá porgile a me!

551. ¡Dámela a mí!

FÍGARO
Sonno in trappola.
552. Estoy en una trampa.

SUSANA, CONDESA
Fígaro all'erta.
553. Fígaro alerta.

CONDE
Dite un po'questo foglio cos'e?
554. ¿Dime qué es esta carta?

FÍGARO
(Saca algunas cartas de su bolsa.)
Tosto, tosto, ne ho tanti aspettate!
555. ¡Espera, tengo tantas, espera!

ANTONIO
Sará forse il sommario dei debiti?
556. ¡Quizás es la lista de sus deudas!

FÍGARO
No, la lista degli osti.
557. No, es la lista de los huéspedes.

CONDE
(A Fígaro.)
Parlate!
558. ¡Habla!
(A Antonio.)
E tu lascialo.
Y tu déjalo.

SUSANA, CONDESA, FÍGARO
Lascialo e parti.
559. Déjalo y vete.

ANTONIO
Parto si, ma se torno a trovarti.
560. Parto, pero si vuelvo a encontrarte...

SUSANA, CONDESA, CONDE
Lascialo.
561. Déjalo.

FÍGARO
Vanne, vanne, non temo di te.
562. Vete, vete, no te temo.

SUSANA, CONDESA, CONDE
Lascialo.
563. Déjalo.

ANTONIO
Parto si... etc.
564. Parto si... etc.

FÍGARO
Vanne, vanne, non temo di te.
565. Vete, vete, no te temo.

SUSANA, CONDESA, CONDE
Lascialo e parti.
566. Déjalo y parte.

Antonio parte.

CONDE
Dunque?

(Con la carta en la mano.)
567. ¿Entonces?

CONDESA
A ciel! La patente del paggio!

(En voz baja a Susana.)
568. ¡Cielos! El nombramiento del paje.

SUSANA
Giusti dei!La patente!

(A Fígaro.)
569. ¡Dios santo! ¡El nombramiento!

CONDE
Coraggio!

570. ¡Animo!

FÍGARO
Ah, che testa!
Quest'é la patente
che pocanzi il fanciullo mi dié.

571. ¡Ah, cabeza!
Este es el nombramiento
que hace poco medió el muchacho.

CONDE
Perché fare?

572. ¿Para qué?

FÍGARO
Vi manca...

573. Le falta...

CONDE
Vi manca?

574. ¿Le falta?

CONDESA
Il suggello!

575. ¡El sello!

SUSANA
Il suggello.

(A Fígaro.)
576. El sello.

CONDE
Rispondi!

577. ¡Responde!

FÍGARO
E l'usanza...

578. Es la costumbre...

CONDE
Su via, ti confondi?

579. ¿Vamos, estás confundido?

FÍGARO
E l'usanza di porvi il suggello.

580. Es la costumbre de ponerle el sello.

CONDE

Questo birbo mi toglie il cervello,
tutto é un mistero per me.

581. Este bribón me jala el cerebro
todo es un misterio para mí.

SUSANA, CONDESA

Se mi salvo da questa tempesta
piu non avvi naufragio per me, no.

582. Si me salvo de ésta tempestad
ya no habrá naufragio para mí.

FÍGARO

Sbuffa invano e la terra calpesta!
Poverino ne sa men di me tierra!

583. ¡En vano resopla y pisotea la tierra!
¡Pobrecito sabe menos que yo!

Entran Marcellina, Bartolo y Basilio.

MARCELLINA, BARTOLO, BASILIO

Voi signor, che giusto siete,
ci dovete or ascoltar.

584. Tu señor, que eres tan justo
nos debes escuchar.

SUSANA, CONDESA, FÍGARO

Venuti a sconcertarmi qual rimedio a ritrovar?

585. ¿Han venido a desconcertarme cual remedio encontraré?

CONDE

Son venuti a vendicarmi io mi sento consolar.

586. Han venido a vengarme ciento que me consuelan.

FÍGARO

Son tre stolidi, tre pazzi,
cosa mai vengono da far?

587. ¿Son tres estúpidos, tres locos,
que vendrán a hacer?

CONDE

Pian, pianin, senza schiamazzi dica ognun quel che gli par.

588. Calma, sin tanto clamor, que cada quién diga lo que le parezca.

MARCELLINA

Un impegno nuziale
ha costui con me contratto
e pretendo ch'il contratto devea meco effettuar.

589. Un compromiso nupcial,
ese individuo, ha contraído conmigo
y pretendo que el contrato
ya se haga efectivo.

SUSANA, CONDESA, FÍGARO

Come? Come?

590. ¿Como? ¿Como?

CONDE

Olá! Silenzio!
ro son qui per giudicar.

591. ¡Ya! ¡Silencio!
Yo estoy aquí para juzgar.

BARTOLO
Io da lei scelto avvocato vengo
a far le sue difese, le legitime pretese
io vi vengo a palesar.

592. Ella me escogió como abogado
y he venido a defenderla y sus
pretensiones legítimas vengo a manifestar.

SUSANA, CONDESA, FÍGARO
E un birbante!

593. ¡Es un pillo!

CONDE
Olá! Silenzio!

594. ¡Ya! ¡Silencio!

BASILIO
Io com'uomo al mondo cognito
vengo qui per testimonio
del promesso matrimonio
con prestanza di danar.

595. Yo soy conocido en el mundo
y vengo aquí como testigo
de la promesa matrimonial
a cambio de un préstamo de dinero.

SUSANA, CONDESA, FÍGARO
Son tre matti.

596. Son tres locos.

CONDE
Olá! Silenzio! Lo vedremo, il contratto
leggeremo, tutto in ordin deve andar.

597. Silencio, Ya lo veremos, el contrato leeremos
todo en orden debe andar.

SUSANA, CONDESA, FÍGARO
Son confusa/o, son stordita/o
disperata/o, sbalordita/o
Certo un diavol dell'inferno qui li ha fatti
capitar!

598. Estoy confusa/o aturdida/o desesperada/o
sorprendida/o
¡De seguro un diablo del infierno llegó por
casualidad!

**MARCELLINA, BASILIO,
BARTOLO, CONDE**
Che bel colpo! Che bel caso!
E cresciuto a tutti il naso qualche nume a
noi propizio qui ci ha fatti capitar!

599. ¡Qué buen golpe! ¡Que bella casualidad!
¡A todos les ha crecido la nariz, alguna
deidad nos es propicia por casualidad!

Acto III

Un salón en el castillo, decorado para una fiesta nupcial
El Conde está solo, caminando de un lado a otro.

CONDE Che imbarazzo é mai questo! Un foglio anonimo... la cameriera in gabinetto chiusa... la padrona confusa... un uom che salta dal balcone in giardino, un altro appresso, che dice esser quel desso. Non son cosa pensar, potrebbe forse qualcun dé miei vassalli... a similrazza e comuni d'ardir, ma la Contessa... Ah, che un dubbio l'offende. Ella rispetta troppo se stessa, l'onor mio... l'onore... dove diamin l'ha poste umano errore!	600.	¡Que embrollo es esto! Una carta anónima, la camarera encerrada en el vestidor... la patrona confusa... un hombre que salta del balcón al jardín, otro que dice que él saltó. No sé qué cosa pensar, podría ser cualquiera de mis vasallos... esa gente es capaz de urdir algo así, pero la Condesa... Qué se ofende con mis dudas. ¡Ella se respeta mucho a sí misma y a mi honor... donde diantres vino a quedar el error humano!

La Condesa y Susana aparecen al fondo de la escena.

CONDESA Via! Fatti core, digli che ti attenda in giardino.	601.	Vamos, ten valor, dile que te espere en el jardín.
CONDE Sapró se Cherubino era giunto a Siviglia, a tale oggeto ho mandato Basilio.	602.	Sabré si Cherubino llegó a Sevilla, para tal objeto he mandado a Basilio.
SUSANA O cielo! E Fígaro?	603.	¡Oh, cielos! ¿Y Fígaro?
CONDESA A lui non dei dir nulla, in vece tua voglio andarci io medesma	604.	No le digas nada. Yo misma iré en tu lugar.
CONDE Avanti sera dovrebbe ritornar.	605.	Más tarde deberá regresar.

SUSANA
Oh Dio! Non oso.

606. ¡Oh Dios! No me atrevo.

CONDESA
Penso ch'e in tua mano il mio riposo.

607. Piensa que en tu mano está mi reposo.

Parte.

CONDE
E Susanna? Chi sa, ch'ella tradito
abbia il segreto mio... Oh, se ha parlato,
gli fó sposar la vecchia.

608. ¿Y Susana? Quién sabe si ella...
Oh, sí ha hablado,
lo haré desposar a la vieja.

SUSANA
Signor.

609. Señor.

CONDE
Cosa bramate?

610. ¿Qué quieres?

SUSANA
Mi par che siate in collera!

611. ¡Me parece que estás enojado!

CONDE
Cosa bramate?

612. ¿Quieres algo?

SUSANA
Signor, la vostra sposa ha i soliti vapori,
e vi chiede il fiaschetto degli odori.

613. Señor, tu esposa va a tomar sus vapores,
y quiere el frasquito de perfume.

CONDE
Prendete.

614. Tómalo.

SUSANA
Or vel riporto.

615. Ahora te lo regreso.

CONDE
Ah, no potete ritenerlo per voi.

616. No, puedes quedarte con él.

SUSANA
Per me?
Questi non son mali da donne triviali.

617. ¿Para mí?
Eso no es cosa para mujeres sencillas.

CONDE
Un amante che perde il caro sposo sul
punto d'ottenerlo?

618. ¿Una amante que pierde a su querido esposo
cuando está a punto de tenerlo?

SUSANA
Pagando Marcellina colla dote che voi mi prometteste...

619. Le pagaremos a Marcellina con la dote que tú me prometiste...

CONDE
Ch'io vi promisi! Quando?

620. ¿Que yo te prometí? ¿Cuando?

SUSANA
Credea d'averlo inteso...

621. Así creí haberlo entendido...

CONDE
E mio dovere, e quel di Sua Eccellenza é il mio volere.

622. Es mi deber y el deseo de su Excelencia es mi deseo.

CONDE
Crudel! Perché finora
farmi languir cosi?

623. ¡Cruel! ¿Por qué hasta ahora
me haces languidecer así?

SUSANA
Signor, la donna ognora tempo
ha di dir di si.

624. Señor, todas las mujeres tienen tiempo
para decir sí.

CONDE
Dunque in giardin verrai?

625. ¿Entonces vendrás al jardín?

SUSANA
Se piace a voi, verró.

626. Si te place, vendré.

CONDE
E non mi mancherai?

627. ¿Y no me fallarás?

SUSANA
No, non vi mancheró.

628. No, no te fallaré.

CONDE
Verrai?

629. ¿Vendrás?

SUSANA
Si.

630. Si.

CONDE
Non mancherai?

631. ¿No fallarás?

SUSANA
No.

632. No.

CONDE Non mancherai?	633.	¿No fallarás?
SUSANA No, non vi mancheró.	634.	No, no te fallaré.
CONDE Mi sento dal contento pieno di gioia il cor!	635.	¡Me siento tan contento lleno de alegría el corazón!
SUSANA Scusatemi se mento voi ch'intendete amor!	636.	¡Discúlpame si miento tu que entiendes de amor!
CONDE Dunque in giardin verrai?	637.	¿Entonces vendrás al jardín?
SUSANA Se piace a voi, verró.	638.	Si te place, vendré.
CONDE E non mi mancherai?	639.	¿Y no me fallarás?
SUSANA No, non vi mancheró.	640.	No, no te fallaré.
CONDE Verrai?	641.	¿Vendrás?
SUSANA Si.	642.	Si.
CONDE Non mancherai?	643.	¿No fallarás?
SUSANA No.	644.	No.
CONDE Dunque verrai?	645.	¿Entonces vendrás?
SUSANA No.	646.	No.
CONDE No?	647.	¿No?

SUSANA
Si, se piace a voi verró!
648. Si, si te place iré.

CONDE
Non mancherai?
649. ¿No fallarás?

SUSANA
No.
650. No.

CONDE
Dunque verrai?
651. ¿Entonces vendrás?

SUSANA
Si.
652. Si.

CONDE
Mi sento dal contento, etc.
653. Me siento tan contento, etc.

SUSANA
Scusatemi se mento, etc.
654. Discúlpame si miento, etc.

CONDE
E perché fosti meco stamattina si austera?
655. ¿Y porque fuiste tan austera esta mañana?

SUSANA
Col paggio ch'ivi c'era.
656. Porque el paje estaba ahí.

CONDE
Ed a Basilio che per me ti parlo?
657. ¿Y a Basilio que por mi te habló?

SUSANA
Ma qual; bisogno abbiarn noi che un Basilio...
658. Pero qué necesidad tenernos de Basilio...

CONDE
E vero, e vero, e mi prometti poi
se tu manchi, oh cor mio... ma la
Contessa attenderá il vasetto.
659. Es verdad, es verdad, y prométeme
si tu fallas, corazón mi... pero
la Condesa espera el frasquito.

SUSANA
Eh, fu un pretesto, parlato io non avrei senza di questo.
660. Solo fue un pretexto, no me hubiera atrevido a hablarte sin uno.

CONDE
Carissima!
661. ¡Queridísima!

SUSANA
Vien gente.

662. Viene gente.

CONDE
E mia, senz altro.

(Para sí.)
663. Es mía, de seguro.

SUSANA
Forbitevi la bocca, o signor scaltro.

(Para sí.)
664. Cierra la boca oh señor astuto.

Entra Fígaro.

FÍGARO
Eh! Susanna ove vai?

665. ¡Eh! ¿Susana, adónde vas?

SUSANA
Taci, senza avvocato hai gia vinta la causa.

666. Calla, sin abogado ya he ganado la causa.

FÍGARO
Cos'e nato?

667. ¿Qué paso?

Ambos parten.

CONDE
Hai gia vinta la causa! Cosa sento!
In qual laccio cadea? Perfidi, Io voglio...
io voglio di tal modo punirvi,
a piacer mio la sentenza sará...
Mase pagasse la vecchia a mi gu
In qual mamaniera?
E poi v'e Antonio che
all'incognito Fígaro ricusa di
dare una nipote in matrimonio
Coltivando l'orgoglio di questo
mentecatto... tutto giova a un raggiro... il
colpo é fatto.

Vedró mentr'io sospiro felice un servo
mio!
E un ben che invan desio,
ei poseder dovrá?
Vedró per man d'amore
unita a un vile oggeto
chi in me destó un affetto
che per me poi non ha?
Vedró mentr'io sospiro etc.

668. ¡Ya ha ganado la causa! ¿Qué es eso?
¿En qué lazo caí? Pérfidos yo quiero...
yo quiero de tal modo castigarlos,
la sentencia será a mi gusto...
¿Pero si le pagasen pretendiente?
¿Pagarla a la vieja pretendiente? ¿Pagarla
De qué manera? Y luego está Antonio
que se rehusará a dar a Fígaro una sobrina
en matrimonio. Manipulando el orgullo de
ese mentecato, todo lleva a un engaño... el
golpe está dado.

¡Veré mientras suspiro feliz a un siervo mío!
¿Es un bien que deseo en vano
y él lo va a poseer?
¿Veré por obra del amor
unida a un vil sujeto
a quién en mi despertó el afecto,
que por mí no tiene?
Veré mientras suspiro, etc.

CONDE *(continuato)*

Ah no, lasciarte in pace, non vo questo
contento tu non nascesti, audace
per dare a me tormento
e forse ancor per ridere
di mía infelicitá!
Gia la speranza sola delle vendette
mie quest'anima consola e giubilar mi fá!
Ah, che lasciarti in pace, etc.

¡Ah no, dejarte en paz, no me dejará
contento tu no naciste tan audaz
como para darme tormento
y quizás también para reírte
de mí infelicidad!
¡Ya la esperanza sola de mi venganza
consuela mi alma y me hace gozar!
Ah, dejarte en paz, etc.

CURZIO

E decisa la lite.
O pagarla o sposarla. Ora ammutite.

669. La decisión en el pleito es:
O pagarle o desposarla. Ahora callen.

MARCELLINA

Io respiro.

670. Yo respiro.

FÍGARO

Ed io moro.

671. Y yo muero.

MARCELLINA

Alfin sposa saró
d'un uom ch' adoro.

(Para sí.)
672. Al fin seré la esposa
de un hombre que adoro.

FÍGARO

Eccellenza! M'appello...

673. ¡Excelencia! Yo apelo...

CONDE

E giusta la sentenza, o pagar o sposar-
bravo Don Curzio.

674. Es justa la sentencia, o pagar o desposarla,
bravo Don Curzio.

CURZIO

Bontá di Sua Eccellenza.

675. Bondad de Su Excelencia.

BARTOLO

Che superba sentenza!

676. ¡Qué perfecta sentencia!

FÍGARO

In ché superba?

677. ¿Por qué perfecta?

BARTOLO

Siam tutti vendicati...

678. Así nos vengaremos todos...

FÍGARO

Io non la sposeró.

679. Yo no la desposaré.

BARTOLO
La sposerai.

680. La desposarás.

CURZIO
O pagarla, o sposarla.

681. O le pagas, o la desposas.

MARCELLINA
Io t'ho prestati due mile pezzi.

682. Yo te presté dos mil piezas.

FÍGARO
Son gentiluomo, e senza l'assenso dé miei nobili parenti...

683. Soy caballero, y sin el consentimiento de mis nobles parientes...

CONDE
Dove sano? Chi sano?

684. ¿En dónde están? ¿Quiénes son?

FÍGARO
Lasciate anear cercarli; dopo dieci anni io spero di trovarli

685. Déjenme buscarlos de nuevo, después de diez años yo espero encontrarlos.

BARTOLO
Qualche bambin trovato?

686. ¿Has encontrado a un niño?

FÍGARO
No, perduto, dottor, anzi rubato.

687. No, está perdido doctor,
o más bien secuestrado.

CONDE
Come?

688. ¿Como?

MARCELLINA
Cosa?

689. ¿Qué cosa?

BARTOLO
La prava?

690. ¿Y la prueba?

CURZIO
Il testimonio?

691. ¿El testigo?

FÍGARO
L'oro, le gemme e i ricamati
panni, che né piu teneri anni
mi ritrovaron addosso i masnadieri,
sono gl'indizi veri di mia nascita ilustre,
e soprattutto questo al mio braccio
impreso geroglifico.

692. El oro, las joyas y las prendas bordadas
que vestía en mis más tiernos años,
cuando me secuestraron
son los hechos que señalan mi ilustre
nacimiento y sobretodo éste jeroglífico
impreso en mi brazo.

MARCELLINA
Una spatola impressa al braccio destre?
693. ¿Una espátula impresa en el brazo derecho?

FÍGARO
E a voi ch'il disse?
694. ¿Y quién te lo dijo?

MARCELLINA
Oh Dio, é desso!
695. ¡Oh Dios, es él!

FÍGARO
E ver son io.
696. Es verdad, soy yo.

CURZIO
Chi?
697. ¿Quién?

CONDE
Chi?
698. ¿Quién?

BARTOLO
Chi?
699. ¿Quién?

MARCELLINA
Raffaello!
700. ¡Rafael!

BARTOLO
E il ladri ti rapir?
701. ¿Y los ladrones te raptaron?

FÍGARO
Presso un castello.
702. Cerca de un castillo.

BARTOLO
Ecco tua madre!
703. ¡Aquí está tu madre!

FÍGARO
Bal ia...
704. Nodriza...

BARTOLO
No, tua madre.
705. No, tu madre.

CURZIO, CONDE
Sua madre?
706. ¿Su madre?

FÍGARO
Cosa sento?
707. ¿Qué es lo que oigo?

MARCELLINA
Ecco tuo padre!

Riconosci in quest'amplesso
una madre, amato figlio!

708. ¡Ahi está tu padre!
(Abraza a Fígaro.)
¡Reconoce en éste abrazo a tu madre,
amado hijo!

FÍGARO
Padre mio fate lo stesso,
non mi fate piu arrosir.

(A Bartolo.)
709. Padre mío, haz lo mismo,
no me hagas sonrojarme más.

BARTOLO
Resistenza, la conscienza
far non lascia al tuo desir

(Abraza a Fígaro.)
710. Resistencia, la conciencia
ya no se opone a tu deseo.

Fígaro abraza a su padre.

CURZIO
Ei suo padre? Ella sua madre?
L'imeneo non puo seguir.

711. ¿Él es su padre? ¿Ella su madre?
La boda no puede hacerse.

CONDE
Son smarrito, son stordito,
meglio é assai di qua partir.

712. Estoy sorprendido, aturdido,
mejor me voy de aquí.

MARCELLINA, BARTOLO
Figlio amato!

713. ¡Amado hijo!

FÍGARO
Parenti amati!

714. ¡Amados padres!

Entra Susana.

SUSANA
Alto, alto! Signor Conte, mille doppie son
qui pronte a pagar vengo per Fígaro,
ed a porlo in libertá.

715. ¡Alto, alto! Señor Conde, aquí tengo mil
coronas que vengo a pagar por Fígaro
para ponerlo en libertad.

MARCELLINA, BARTOLO
Figlio amato!

716. ¡Amado hijo!

CURZIO, CONDE
Non sappiam com'é la cosa,
osservate un poco lá.

717. No sabíamos cómo es la cosa,
observa un poco allá.

FÍGARO
Parenti amati!

718. ¡Amados padres!

SUSANA
Giá d'accordo colla sposa giusti Dei,
che infedeltá.

(Ve como Fígaro abraza a Marcellina.)
719. Ya se reconcilió con ella justo Dios,
qué infidelidad.

Quiere partir pero Fígaro la detiene.

Lascia iniquo!

¡Déjame, villano!

FÍGARO
No, t'arresta! Senti, oh cara senti!

720. ¡No, espera! ¡Escucha, querida, escucha!

SUSANA
Senti questa!

(Dándole un golpe en la oreja.)
721. ¡Escucha esto!

MARCELLINA, BARTOLO, FÍGARO
E un affetto di buon core tutto
amore é quel che fa...

722. Es el afecto de un buen corazón
el amor es quien lo hace...

SUSANA
Fremo, smanio dal furore una vecchia
me la fa, etc.

723. Tiemblo y bramo de rabia una vieja
me la hace, etc.

CURZIO, CONDE
Freme e smania dal furore
il destino me la gliela fa, etc.

724. Tiembla y brama de rabia el destino
se la hizo, etc.

MARCELLINA
Lo sdegno calmate mia cara figliuola,
sua madre abbracciate che or vostra sará.

(A Susana.)
725. Calma tu indignación querida hijita mía
abraza a su madre que ahora tuya será.

SUSANA
Sua madre?

726. ¿Su madre?

BARTOLO
Sua madre!

727. ¡Su madre!

SUSANA
Sua madre?

728. ¿Su madre?

CONDE
Sua madre!

729. ¡Su madre!

SUSANA
Sua madre?

730. ¿Su madre?

CURZIO
Sua madre!

731. ¡Su madre!

SUSANA
Sua madre?

732. ¿Su madre?

MARCELLINA, CURZIO, CONDE, BARTOLO
Sua madre!

733. ¡Su madre!

SUSANA
Tua madre?

(A Fígaro.)
734. ¿Tu madre?

FÍGARO
E quello é mio padre che a te lo dirá.

735. Y aquel es mi padre que te lo dirá.

SUSANA
Suo padre?

(A Bartolo.)
736. ¿Su padre?

BARTOLO
Suo padre!

737. ¡Su padre!

Así continúa Susana preguntándole a todos los presentes.

FÍGARO
E quella é mia madre che a té lo dira, etc.

738. Y aquella es mi madre que te lo dirá, etc.

CURZIO, CONDE
Al fiero tormento di questo momento
quest'anima appena resister or sa.

739. Al fiero tormento de éste momento ésta
alma apenas resistir ahora sabe.

SUSANA, MARCELLINA, BARTOLO, FÍGARO
Al dolce contento di questo momento
quest'anima appena resister or sa.

740. A la dulce alegría de éste momento ésta alma
apenas resistir ahora sabe.

Parten el Conde y Curzio.

MARCELLINA
Eccovi o caro amico il dolce frutto
dell'antico amor nostro.

741. Aquí ves querido amigo el dulce fruto
de nuestro antiguo amor.

BARTOLO
Or non parliamo di fatti si remoti,
égli é mio figlio, mia consorte voi siete,
e le nozze farem quando volete.

742. No hablemos de hechos tan remotos,
él es mi hijo, tú eres mi consorte
y haremos la boda cuando tú quieras.

MARCELLINA

Oggi, e doppie saranno

prendi, questo é il biglietto del denar
che a me devi, ed e tua dote.

743. Hoy, y que sea doble
(A Fígaro.)
toma, éste es el papel del dinero
que me debes, es tu dote.

SUSANA

Prendi anear questa borsa.

744. También toma, ésta bolsa.

BARTOLO

E questa ancora.

745. Y ésta también.

FÍGARO

Bravo gittate pur,
ch'io piglio ognora.

746. Bravo, aviéntenmelas,
que yo puedo atraparlas.

SUSANA

Voliamo ad informar d'ogni avventura
Madama e nostro zio.
Chi par di me contenta?

747. Queremos informar de todo esto
a Madama y a nuestro tic.
¿Quién está tan contenta como yo?

FÍGARO

Io!

748. ¡Yo!

BARTOLO

Io!

749. ¡Yo!

MARCELLINA

Io!

750. ¡Yo!

SUSANA, MARCELLINA, BARTOLO, FÍGARO

E schiatti il signor Conte al gusto mio.

751. Que el señor Conde disfrute de mi alegría.

Todos parten.
Entran Cherubino y Barbarina.

BARBARINA

Andiam, andiam, bel paggio, in casa mia tutte ritroverai le piu belle ragazza del castello, di tutte sarai tu certo il piu bello.

752. Vamos, vamos, bello paje, en mi casa tu encontrarás a las más bellas muchachas del castillo, de todas tú serás el más guapo.

CHERUBINO

Ah, se il Conte mi trova!
Misero me!
Tu sai che partito ei mi crede per Sivigla.

753. ¡Ah, si el Conde me encuentra!
¡Pobre de mí!
Tu sabes que él cree que partí para Sevilla.

BARBARINA

Oh, ve'che maraviglia!
E se ti trova non sará cosa nuova.
Odi! Vogliamo vestirti come noi,
tutte insiem andrem poi a presentar
de fiori a Madamina.
Fidati, o Cherubino, di Barbarina.

754. ¡Oh, qué maravilla!
Y si te encuentra no será cosa nueva.
¡Oye! Queremos vestirte como nosotras,
todos juntos iremos a llevarle
flores a Madama.
Confía, oh Cherubino en Barbarina.

Parten y entra la Condesa.

CONDESA

E Susanna non vien!
Sono ansiosa di saper come
il Conte accolse la proposta.
Alquanto ardite il progetto mi par,
e ad uno sposo si vivace e geloso!
Mache mal c'e?
Cangiando i miei vestiti con quelli si
Susanna, i suoi coi miei
a favor della notte.
Oh cielo! A qual umil stato fatale io son
ridotta da un consorte crudel!
Che dopo avermi con un misto inaudito
d'infedeltá, di gelosia, di sdegno-prima
amata indi offesa, e alfin
tradita-fammi or cercar da una
mia serva aita!

755. ¡Y Susana no viene!
Estoy ansiosa por saber cómo tomó
el Conde la propuesta.
¡Me parece atrevido el plan,
con un esposo tan vivaz y celoso!
¿Pero qué tiene de malo?
Cambiar mis vestimentas con las de Susana y
las de ella con las mías favorecidas por la
noche.
¡A qué humilde estado fatal he sido re decida
por un consorte cruel!
¡Que después de una mezcla inaudita
de infidelidad, diseño, celos-primero amada,
luego ofendida y finalmente traicionada, me
hace buscar la ayuda de una sir vienta!

Dove sonno i bei momenti
do dolcezza e di piacer
dove andaron i giuramenti
di quel labbro menzonger!
Perché mai, se in pianti e in pene
per me tutto si cangió,
la memoria di quel bene
dal mio sen son trapasso?
Dove sonno i bei momenti, etc.
Ah! Se almen lamia costanza
nel languire amando ognor
mi portasse una speranza
di cangiar l'ingrato cor.
Ah, se almen lamia constanza...

¡En donde están los bellos momen
tos de dulzura y de placer,
a donde fueron los juramentos
de aquellos labios mentirosos!
¿Porque todo cambio
a llantos y penas,
el recuerdo de aquel amor
de mi pecho ha desparecido?
En donde están los bellos momentos, etc.
Ah! Si al menos mi constancia
me trajera la esperanza
de cambiar su
ingrato corazón.
Ah, sí al menos mi constancia...

Parte y entra el Conde con Antonio.

ANTONIO

Io vi dico signor, che Cherubino
é ancora nel castello e
vedete per prova il suo cappello.

756. Yo te digo señor, que Cherubino
aún está en el castillo y
como prueba aquí ves su sombrero.

CONDE

Ma come se a quest'ora esser giunto a Siviglia egli dovria?

757. ¿Pero cómo si a esta hora debe estar en Sevilla?

ANTONIO

Scusate, oggi Siviglia é casa mia
Lá vestissi da donna e lá lasciati
ha gl'altri abiti suoi.

758. Disculpa, hoy Sevilla, es mi casa
lo vistieron de mujer y allí
dejaron sus ropas.

CONDE

Perfidi!

759. ¡Pérfidos!

ANTONIO

Andiam e li vedreti voi.

760. Vamos y tú lo verás.

Parten y entran la Condesa y Susana.

CONDESA

Cosa mi narri? E che ne disse il Conte?

761. ¡No me digas! ¿Y qué dijo el Conde?

SUSANA

Gli se leggeva in fronte il dispetto e la rabbia.

762. Se leía en su cara el despecho y la rabia.

CONDESA

Piano, che meglio orlo porremo in gabbia! Dov'é l'appuntamento che tu le proponesti?

763. ¡Despacio, ahora lo podremos poner en la trampa! ¿En qué lugar lo citaste?

SUSANA

In giardino.

764. En el jardín.

CONDESA

Fissiamogli un loco. Scrivi.

765. Fijemos un lugar. Escribe.

SUSANA

Ch'io scriva, ma, signora...

766. Que yo escriba, pero, señora...

CONDESA
Eh scrivi, e tutto io prendo su me stessa.

Canzonetta sull'aria...

767. Vamos, escribe, yo me hago responsable.
(Dictando.)
Cancioncilla en al aire...

SUSANA
... Sull'aria.

(Escribiendo.)
768. ... En el aire.

CONDESA
Che soave zeffiretto–

769. Qué suave céfiro–

SUSANA
... Zeffiretto–

770. ... Céfiro–

CONDESA
Questa sera spirerá...

771. Ésta tarde aspirarás...

SUSANA
Questa sera spirerá...

772. Ésta tarde aspirarás...

CONDESA
Sotto i pini del boschetto...

773. Debajo de los pinos del bosque...

SUSANA
Sotto i pini?

774. ¿Debajo de los pinos?

CONDESA
Sotto i pini del boschetto...

775. Debajo de los pinos del bosque...

SUSANA
Sotto i pini del boschetto

776. Debajo de los pinos del bosque

CONDESA
Ei gia il resto capirá.

777. El entenderá el resto.

SUSANA
Certo, certo, il capirá.

778. Cierto, cierto, él entenderá.

CONDESA
Ei gia il resto capirá.

779. El entenderá el resto.

SUSANA
Che soave zeffiretto, etc.
Piegato é il foglio,
or come si sigilla?

780. Que suave céfiro, etc.
¿He doblado la carta,
y ahora como la selló?

CONDESA

Ecco, prendi una spilla, servirá di sigillo,
attendi, scrivi sul riverso del foglio:
rimandate il sigillo.

781. Mira, toma un alfiler, servirá de sello, espera, escribe en el rever so de la hoja "regresa el sello."

SUSANA

E piu bizzarro di quel della patente.

782. Es más extravagante que aquel del nombramiento.

CONDESA

Presto, nascondi, io sento venir gente.

783. Rápido, escóndete, oigo venir gente.

Susana se guarda la carta en el seno.
Entra Barbarina con un grupo de campesinas y Cherubino vestido de campesina.
Traen ramos de flores.

CORO

Ricevete o padroncina
queste rose e questi fior,
che abbiam colte stamattina
per mostrarvi il nostro amor.
Siamo tante contadine,
e siam tutte poverine, ma,
quel poco che rechiamo
ve lo diamo di buon cor.

784. Recibe oh patroncita
ésta rosa y ésta flor,
que hemos cortado ésta mañana
para mostrarte nuestro amor.
Somos solo campesinas,
y todas somos pobres,
pero lo poco que tenemos
te lo damos de todo corazón.

BARBARINA

Queste sono, Madama, le ragazze del loco
che il poco ch'han vi chiedon perdon del
loro ardire.

785. Estas son las muchachas del campo
que viene a ofrecerte lo poco que tienen
y piden perdón por su atrevimiento.

CONDESA

Oh, brave! Vi ringrazio.

786. ¡Magnífico! Les doy las gracias.

SUSANA

Come sonno vezzose.

787. Cómo son lindas.

CONDESA

E chié narratemi, quell'amabil
fanciulla ch'ha l'aria si modesta?

788. ¿Y quién es díganme aquella amable
muchacha de aspecto modesto?

Señala a Cherubino.

BARBARINA

Ell'e una mia cugina e perle nozze é
venuta ier sera.

789. Es una prima mía que ayer por la tarde llegó para la boda.

CONDESA

Onoriamo la bella forestiera:
venite qui, datemi i vostri fiori.
Come arrosi? Susanna,
e non ti pare che somigli ad alcuno?

790. Honremos a la bella forastera:
ven aquí, dame tus flores.
¿Te sonrojas? ¿Susana,
no te recuerda a alguien?

SUSANA

Al naturale

791. Si.

Entra Antonio con el Conde y aquel se acerca a Cherubino le quita el sombrero de mujer y le pone el sombrero de soldado.

ANTONIO

Eh cospettaccio! E questi l'uffiziale.

792. ¡Cielos! Aquí está tu oficial.

CONDESA

Oh stelle!

793. ¡O Cielos!

SUSANA

Malandrina.

794. Malandrín.

CONDE

Ebben, Madama!

795. ¡Y bien Madama!

CONDESA

Io sono signor mio,
irritata e sorpresa al par di voi.

796. Estoy señor mío,
irritada y sorprendida a la par tuya.

CONDE

Ma stamane?

797. ¿Y ésta mañana?

CONDESA

Stamane per l'odiema festa valevam travestirlo al modo stesso che l'han vestito adesso.

798. Esta mañana queríamos vestirlo así para la fiesta.

CONDE

E perché non partisti?

799. ¿Y por qué no partiste?

CHERUBINO

Signor...

800. Señor...

CONDE

Sapró punire la tua disubbidienza.

801. Castigaré tu desobediencia.

BARBARINA
Eccelenza! Eccelenza!
Voi mi dite si spesso qualvolta
m'abbracciate e mi baciate: Barbarina,
se m'ami ti daró quel che brami…

802. ¡Excelencia! ¡Excelencia!
Tú me dijiste la vez que me
abrazaste y me besaste: Barbarina,
si me amas te daré lo que quieras…

CONDE
Io dissi questo?

803. ¿Yo dije eso?

BARBARINA
Voi! Or datemi, padrone,
in sposo Cherubino, e v'ameró,
com'amo il mio gattino.

804. ¡Si! Ahora dame, patrón,
como esposo a Cherubino y te amaré, como
amo a mi gatito.

CONDESA
Ebbene, or tocca a voi.

805. Bien, ahora te toca a ti.

ANTONIO
Brava figliuola!
Hai buon maestro, che ti fa la scuola.

806. ¡Bravo hijita!
Tienes buen maestro, que hace escuela.

CONDE
Non so qual uom, qual demone,
qual dio rivolga tutto quanto a torta mio.

(Para sí.)
807. No sé cuál hombre, cual demonio,
cual dios, volvió todo contra mí.

Entra Fígaro.

FÍGARO
Signor, se trattenete tutte queste
ragazze, addio feste, addio danza.

808. Señor, si entretienes a todas éstas
muchachas, adiós fiesta, y adiós danza.

CONDE
E che? Vorreste ballar col pie stravolto?

809. ¿Y qué? ¿Quieres bailar con el pie torcido?

FÍGARO
Eh non mi duol piu molto.
Andiam belle fanciulle.

810. Ya no me duele mucho.
Vamos bellas muchachas.

CONDE
Per buona sorte, i vasi eran di creta.

811. Por buena suerte,
las macetas eran de arcilla.

FÍGARO
Senza fallo. Andiamo dunque, andiamo.

812. Cierto. Vamos, entonces vamos.

ANTONIO E intanto a cavallo di galoppo a Siviglia andava il paggio.	813.	Mientras tanto a galope de caballo el paje viaja a Sevilla.
FÍGARO Di galoppo o di passo, buon viaggio! Venite o belle giovani.	814.	¡A galope o al paso, buen viaje! Vengan bellas jóvenes.
CONDE E a te la sua patente era in tasca rimasta.	815.	Y su nombramiento había quedado en tu bolsa.
FÍGARO Certamente.	816.	Ciertamente.
ANTONIO Via, non gli far piu moti a Fígaro, ei no t'intende.	817.	*(A Susana que le hace señas a Fígaro.)* Ya no le hagas más señas a Fígaro, él no te entiende.

Toma a Cherubino de la mano y se lo presenta a Fígaro.

Ed ecco chi pretende che sia un bugiardo il mio signor nipote.		He aquí quien pretende que mi sobrino sea un embustero.
FÍGARO Cherubino!	818.	¡Cherubino!
ANTONIO Or ci sei.	819.	Ahora lo sabes.
FÍGARO Che diamin canta?	820.	*(Al Conde.)* ¿Qué tanto dice?
CONDE Non canto, no, ma dice ch'egli saltó, stamane in sui garofani.	821.	Lo que dice es que él saltó, ésta mañana en sus claveles.
FÍGARO Ei lo dice! Sará... se ho saltato io, si puo dare ch'anc'esso abbia fatto lo stesso.	822.	¡Él lo dice! Si yo he saltado él pudo haber hecho lo mismo.
CONDE Anch'esso?	823.	¿El también?

FÍGARO

Perché no?
Io non impugno mai quel chè non so.

824. ¿Por qué no?
Yo no impugno aquello que ignoro.

Se escucha a lo lejos la marcha nupcial.

Ecco la marcia, andiamo!
Ai vostri posti, oh belle, ai vostri posti!
Susanna dammi il braccio!

¡Ahí está la marcha, vamos!
¡A sus puestos, bellas, a sus puestos!
¡Susana, dame el brazo!

SUSANA

Eccolo.

(Fígaro toma a Susana del brazo.)
825. Aquí lo tienes.

Todos salen dejando solos al Conde y a la Condesa.

CONDE

Temerari!

826. ¡Temerarios!

CONDESA

Io son di ghiaccio!

827. ¡Estoy helada!

CONDE

Contessa!

828. ¡Condesa!

CONDESA

Or non parliamo. Ecco qui le due nozze, riceverle dobiam, alfin si si tratta di una vostra protetta. Seggiamo.

829. No hablemos ahora. Allí están las dos bodas, debemos recibirlos, al fin se trata de una protegida tuya. Sentémonos.

CONDE

Seggiamo.

(Medita en su venganza.)
830. Sentémonos.

Entran los cazadores con sus rifles colgados al hombro Gente del pueblo, campesinos y campesinas jóvenes Dos jovencitas traen el velo de la novia y el sombrero de plumas blancas; otras dos, los guantes y el ramo de flores. Fígaro está con Marcellina. Otras jóvenes llevan el sombrero para Fígaro. Bartolo está con Susana y la lleva hacia el Conde. Ella se arrodilla ante él que le da el sombrero, etc. Fígaro con Marcellina van hacia la Condesa, él se arrodilla ante ella y recibe el sombrero, etc.

DOS NIÑAS

Amanti costanti seguaci d'onor cantate, lodate si saggio signor.
A un dritto cedendo che oltraggia, che offende, ei caste vi rende ai vostre amator.

831. Amantes constantes partidarios del honor canten, laudos al sabio señor.
Que cede un derecho que ultraja, y que ofende, él te entrega casta a quien te ama.

CORO

Cantiamo, lodiamo si saggio signor.

832. Cantemos, laudos al sabio señor.

Susana saca sus ropas una carta y a escondidas se la entrega al Conde quien a su vez la oculta. Susana se levanta, Fígaro se aproxima para recibirla.

CONDE
Eh, la solita usanza, le donne ficcan
gli aghi in ogni loco...
Ah, capisco il gioco!

(Saca la carta y se puncha con el alfiler.)
833. Como siempre, las mujeres clavan
los alfileres en todas partes...
¡Ah, entiendo el juego!

FÍGARO
Un biglietto amoroso che gli dié nel passar qualche galante ed era sigillato d'una spilla ond'egli si punse il dito, il Narciso orla cerca, oh che stordito!

(A Susana.)
834. ¡Una carta amorosa que le dieron a la pasada y que estaba sellado con un alfiler con el que se pinchó el dedo, el muy Narciso busca el alfiler, oh que tonto!

CONDE
Andate amici! E sia per questa sera disposto l'apparato nuziale colla piu rica pompa, io vo che sia magnifica la festa, e canti e fochi, e gran cena, e gran ballo, e ognuno impari com'io tratto color che a me son cari.

835. ¡Vamos amigos! Por ésta noche he dispuesto el aparato nupcial con la más rica pompa, quiero que sea magnífica la fiesta y los cantos, las antorchas, la gran cena, el gran baile y que todos vean como trato a aquellos que me son queridos.

CORO
Amanti, costanti, etc.

836. Amantes, constantes, etc.

Acto IV

El jardín del castillo. Un árbol a la derecha y otro a izquierda.
Es de noche. Entra Barbarina buscando algo en el piso.

BARBARINA

L'ho perduta, me meschina!
Ah chi sá dove sara?
Non la trovo l'ho perduta!
Meschinella, etc.
E mia cugina? E il padron?
Cosa dirá?

837. ¡La he perdido, pobre de mí!
¿Quién sabrá en dónde está?
¡No la encuentro, la he perdido!
Pobre de mí, etc.
¿Y mi prima? ¿Y el patrón?
¿Qué irán a decir?

Entran Fígaro y Marcellina.

FÍGARO

Barbarina, cos'hai?

838. ¿Barbarina, qué pasa?

BARBARINA

L'ho perduto, cugino.

839. La he perdido, primo.

FÍGARO

Cosa?

840. ¿Que?

MARCELLINA

Cosa?

841. ¿Que?

BARBARINA

La spilla che a me diede il padrone per recar a Susanna.

842. El alfiler que medió el patrón para regresarle a Susana.

FÍGARO

A Susanna, la spilla?
E cosi tenerella, il mestiere gia sai di far tutto si ben quel che tu fai?

843. ¿A Susana, el alfiler?
¿Y así tan joven ya sabes jugar tan bien los enredos?

BARBARINA

Cos'e? Vai meco in collera?

844. ¿Qué te pasa? ¿Estás enojado conmigo?

FÍGARO

E non vedi ch'io scherzo? Osserva.

845. ¿No ves que bromeo? Observa.

Toma un alfiler de la cofia de Marcellina.

Questa è la spilla che il Conte
da recare ti diede alla Susana
e servia di sigillo a un biglietti no;
vedi s'io sono istrutto.

Éste es el alfiler que el Conde
te dio para regresarlo a Susana
y que servía de sello a una cartita;
como ves lo sé todo.

BARBARINA

E perché il chiede a me quando sai tutto?

846. ¿Y por qué me lo preguntas si lo sabes todo?

FÍGARO

Avea gusto d'udir come il padrone
ti dié la commissione.

847. Quería oír como el patrón
te dio el encargo.

BARBARINA

Che miracoli! Tieni fanciulla reca questa
spilla alla bella Susanna e dile:
questo é il sigillo de pini.

848. ¡Qué milagro! Ten muchacha,
lleva éste alfiler a la bella Susana y dile:
éste es el sello de los pinos.

FÍGARO

Ah, ah, De pini.

849. Ja, ja, de los pinos.

BARBARINA

E ver ch'ei mi soggiunse guarda che alcun
non veda, ma tu gia tacerái.

850. Es verdad que él me dijo: ten cuidado que
nadie te vea y tú no digas nada.

FÍGARO

Sicuramente.

851. Seguramente.

BARBARINA

A te gia niente preme.

852. A ti ya nada te importa.

FÍGARO

Oh, niente, niente.

853. Oh, nada, nada.

BARBARINA

Addio, mio bel cugino;
vo da Susanna, e poi da Cherubino.

854. Adiós, mi bello primo,
voy con Susana y luego con Cherubino.

(Parte.)

FÍGARO

Madre!

855. ¡Madre!

MARCELLINA
Figlio!

856. ¡Hijo!

FÍGARO
Son morto!

857. ¡Estoy muerto!

MARCELLINA
Calmati, figlio mi!

858. ¡Cálmate hijo mío!

FÍGARO
Son morto dico.

859. Te digo que estoy muerto.

MARCELLINA
Flemma, flemma, e poi flemma
il fatto é serio, e pensar ci convien.
Ma guarda un poco, che ancor non sai
di chi si prenda giuoco.

860. Calma, calma y más calma,
el hecho es serio y pensar conviene.
Pero espera un poco, que aún no sabes
de qué se trata el juego.

FÍGARO
Ah, quella spilla, o madre
é quella stessa che poc'anzi ei raccolse.

861. Ah, aquel alfiler, o madre
es el mismo que él recogió.

MARCELLINA
E ver ma questo al piu ti porge un dritto
ai stare in guardia e vivere in sospetto;
ma non sai se in effetto...

862. Es verdad, pero esto te permite estar
en guardia y vivir en sospecha,
pero no sabes si así es en efecto...

FÍGARO
All'erta dunque!
Il loco del con greso so dov'é stabilito.

863. ¡Entonces alerta!
Yo sé dónde es el lugar del encuentro.

MARCELLINA
Dove vai figlio mio?

864. ¿A dónde vas hijo mío?

FÍGARO
A vendicar tutt'i mariti. Addio!

865. A vengar a todos los maridos. Adiós.

(Parte.)

BARBARINA
Nel padiglione a manca, ei cosi disse;
é questo, é questo!
E poi se non venisse?

866. ¡En el pabellón a la izquierda él dice;
ya está, ya está!
¿Y luego si no viniera?

Entra en el pabellón de la izquierda.

FÍGARO

E Barbarina! Chi va lá?

867. ¡Es Barbarina! ¿Quién va ahí?

Basilio y Bartolo entran con un grupo de campesinos.

BASILIO

Son quelli che invitasti a venir.

868. Son aquellos que invitaste a venir.

BARTOLO

Che brutto ceffo! Sembri un cospirator!
Che diamin sono quegli infausti apparati?

869. ¡Qué fea cara! ¡Parece un conspirador!
¿Qué diablos son éstos preparativos?

FÍGARO

Lo vedrete tra poco. In questo stesso loco
celebrerem la festa della mia sposa onesta
e del feudal signor.

870. Lo verás dentro de poco. En este mismo
lugar celebraremos la fiesta de mi esposa
honesta y del señor feudal.

BASILIO

Ah, buono, buono, capisco come egli é.
Accordati si son senza di me.

871. Ah, bueno, bueno, comprendo cómo él hizo
un acuerdo sin mí.

FÍGARO

Voi da questi contorni non vi scostate,
e a un fischio mio carrete tutti quanti.

(Al grupo de campesinos.)

872. Ustedes no se retiren de aquí
y a una señal mía vengan todos corriendo.

Fígaro se retira con los campesinos, y luego regresa solo.

FÍGARO

Tutto é disposto: l'ora dovrebbe esser
vicina io sento gente... é dessa!
Non é alcun; buia é la notte...
ed io comincio omai a fare il scimunito
mestiere di marito...
Ingrata! Nel momento della mia
cerimonia
ei godeva leggendo;
e nel vederlo io rideva di me senza
saperlo.
Oh, Susanna, Susanna!
Quanta pena mi costi!
Con quell'ingenua faccia, con quegli
occhi innocenti chi creduto l'avria?
Ah! Che il fidarse a donna,
e ognor follia.

873. Todo está dispuesto, se acerca la hora,
yo oigo gente... es ella.
No, no es, obscura es la noche...
y yo comienzo a ser
el marido engañado...
¡Ingrata! En el momento de la ceremonia
él gozaba leyendo y yo;
me reía de él sin saber nada.
¡Oh, Susana, Susana!
¡Cuánta pena me causas!
¿Con ésa ingenua cara con esos inocentes
ojos, quién lo hubiera creído?
Que el confiar en una dama
es de verdad una locura.

FÍGARO *(continuato)*

Aprite un po quegli occhi
uomini incauti e sciocchi
guardate queste femmine,
guardate cosa son!
Queste chiamate dee
dagli ingannati sensi
a cui tributa incensi
la debole ragion.
Son streghe che incantano
per farci penar
sirene che cantano
per farci affogar
civette che allettano
per trarci le piume,
comete che brillano
per toglierci il lume.
Son rose spinose
son volpi vezzoze
son orse benigne
colombe maligne
maestre d'inganni,
amiche d'affanni,
che fingono, mentono,
amore non senton,
non senton pietá.
No, no, no, no, no!
Il resto nol dico,
gia ognuno lo sá.
Aprite un po quegli occhi, etc.

¡Abran un poco esos ojos
hombres incautos y tontos
miren a éstas mujeres
miren qué cosa son!
A éstas que llaman diosas
con tus sentidos engañados
les tributas inciensos
con tu debilitada mente.
Son brujas que encantan
para hacerte penar
sirenas que cantan
para hacerte ahogar
lechuzas que aletean
para tirar las plumas
cometas que brillan
para quitarte la luz.
Son rosas espinosas
son zorras graciosas
son orce buenas
palomas malignas
maestras del engaño
amigas de los líos
que fingen, que mienten,
no sienten amor,
no sienten piedad.
¡No, no, no, no, no!
El resto no lo digo,
ya todos lo saben.
Abran un poco esos ojos, etc.

Se esconde entre los árboles. Susana y la Condesa llegan vestidas, una con las ropas de la otra, atrás, Marcellina.

SUSANA

Signora! Ella mi disse che Fígaro verravi. 874. ¡Senora! Ella me dice que Fígaro vendrá.

MARCELLINA

Anzi é venuto. Abbassa un po'la voce. 875. Más bien, ya llegó. Baja un poco la voz.

SUSANA

Dunque un ci ascolta, e altro dee venir a cercarmi. Incominciam. 876. Entonces uno escucha y otro debe venir a buscarme. Comencemos.

MARCELLINA

Io voglio qui celarmi.

877. Yo quiero esconderme aquí.

Entra en el pabellón de la izquierda.

SUSANA

Madama, voi trernate. Avreste freddo?

878. Madama, tiemblas. ¿Tienes frio?

CONDESA

Parrni urnida la notte; io mi ritiro.

879. Parece húmeda la noche, yo me retiro.

FÍGARO

Eccoci della crisi al grande istante.

880. Aquí estarnos en el instante de la crisis.

SUSANA

Io sotto queste piante,
se Madama il perrnette, resto a prendere
il fresco una rnezz'ora.

881. Yo bajo estas plantas,
si Madama lo permite, iré a tomar
el fresco una media hora.

FÍGARO

Il fresco, il fresco!

882. ¡El fresco, el fresco!

CONDESA

Restaci in buon'ora.

883. Quédate cuanto quieras.

Se aleja.

SUSANA

Il birbo é in sentinella.
Divertiamci anche noi diamogli
la mecé de'dubbi suoi.

Giunse alfin il rnomento, che godró
senza affano in braccio all'idol mio!
Timide cure! Uscite dal mio peto,
a turbar non venite il mio diletto!
Oh come par che all'amoroso
foco l'amenitá del loco, la terra
e il ciel risponda come la notte
i furti miei seconda!

884. El bribón me mira.
Me divertiré le haré el favor
de hacerlo du dar.

¡Se acerca el momento en que estaré
en los brazos de mi ídolo!
¡Con tímido cuidado salido de mí
no turbaré a mi amado!
¡Oh me parece que en éste
amoroso lugar la tierra
y el cielo responderán al fuego
de mi amor!

SUSANA *(continuato)*

Deh vieni, non tardar,
o gioia bella vieni ove amore
per goder t'apella
finché non splende in ciel notturna
face; finche l'aria é ancor bruna,
e il mondo tace.
Qui mormora il ruscel, qui scherza
l'aura che col dolce sussurro
il cor restaura, qui ridono i fioretti
e l'erba é fresca, ai piaceri d'amor
qui tutto adesca. Vieni ben mio,
tra queste piante ascose. Vieni, vien!
Ti vó la fronte incoronar di rose!

Ven, no tardes bella alegría
ven a donde el amor te llama
para gozar hasta que ya no
brille en el cielo la luz, hasta
que el aire esté de nuevo
obscuro y el mundo calle.
Aquí murmulla el arroyo, aquí bromea
la brisa que con dulce susurro,
restaura al corazón, aquí ríen
las florecillas y la hierba
está fresca como el amor.
Ven, ven te quiero coronar
la frente con rosas.

Se esconde entre los árboles.

FÍGARO

Perfida! E in quella forma meco mentia?
Non so s'io veglio o dormo.

885. ¡Pérfida! ¿Y en esa forma ella mentía?
No sé si estoy despierto o dormido.

CHERUBINO

La, la, la, la, la, lera!
Io sento gente,
entriamo ove entró Barbarina.
Oh, vedo qui una donna.

886. ¡La, la, la, la, la, la, lera!
Oigo gente,
entremos en donde entró Barbarina.
Oh, aquí veo a una dama.

CONDESA

Ahimé, meschina!

887. ¡Pobre de mí!

CHERUBINO

M'inganno! A quel capello che
nell'ombra vegg'io parmi Susana.

888. ¡Me engaño! Aquella del sombrero en la
sombra me parece ser Susana.

CONDESA

E si il Conte ora vien,
sorte tirana!

889. ¡Y si el Conde viene ahora,
qué mala suerte!

CHERUBINO

Pian, pianin, le andró piu presso,
tempo perso non sará.

890. Despacito, ya vengo cerca, no será
tiempo perdido.

CONDESA

Ah, se il Conte arriva adesso qualche
imbroglio accaderá.

891. Ah, si el Conde llega, qué embrollo
se va a armar.

CHERUBINO
Susannetta! Non risponde,
colla mano il volto asconde,
orla burlo in veritá.

892. ¡Susanita! No responde,
con la mano el rostro esconde,
ahora me burlaré de ella.

CONDESA
Arditello, sfacciatello,
ite presto, via di qua...

(Tratando de alejarse.)
893. Presuntuoso, descarado,
vete pronto, largo de aquí...

CHERUBINO
Smorfiosa, maliziosa,
io gia só perché sei qua...

894. Melindrosa, maliciosa,
yo ya sé por qué estas aquí...

CONDE
Ecco qui, la mia Susanna!

(Desde lejos.)
895. ¡Aquí está, mi Susana!

SUSANA, FÍGARO
Ecco qui l'uccellatore!

896. ¡Aquí está el pajarero!

CHERUBINO
Non far meco la tiranna!

897. ¡No trates de hacerte la tirana conmigo!

SUSANA, CONDE, FÍGARO
Ah! Nel sen mi bate il core!

898. ¡Ah! ¡Me salta el corazón!

CONDESA
Via, partite, o chiamo gente.

899. Largo, vete, o pido auxilio.

SUSANA, CONDE, FÍGARO
Un altr'uom con lei si stá.

900. Otro hombre está con ella.

CHERUBINO
Dammi un bacio, o non fai niente.

901. Dame un beso, o no harás nada.

SUSANA, CONDE, FÍGARO
Alla voce, e quegli il paggio.

902. Parece la voz del paje.

CONDESA
Anche un bacio! Che coraggio!

903. ¡Conque un beso! ¡Qué audacia!

CHERUBINO
E perché fario non posso quel che il
Conte ognor fará?

904. ¿Y por qué no puedo hacer aquello que el
Conde siempre hace?

SUSANA, CONDESA, CONDE, FÍGARO	905.	
Temerario!		¡Temerario!
CHERUBINO		
Oh, ve'che smorfie! Sai ch'io fui dietro il sofá.	906.	¡Oh, qué gesto! Sabe que me escondí detrás del sofá.
SUSANA, CONDESA, CONDE, FÍGARO	907.	
Se il ribaldo anear sta saldo, la faccenda guasterá.		Si el tenorio se queda más tiempo, va a arruinarlo todo.
CHERUBINO		*(Tratando de besar a la Condesa.)*
Prendi intanto!	908.	¡Tómalo!

El Conde se interpone entre ellos y recibe el beso.

CONDESA, CHERUBINO		
O cielo, il Conte!	909.	¡O cielo, el Conde!

Cherubino corre a esconderse en el pabellón de la izquierda.

FÍGARO		
Vó veder cosa fan lá.	910.	Quiero ver qué cosa hacen allá.

El Conde quiere detener a Cherubino pero golpea a Fígaro.

CONDE		
Perché voi non ripetete, ricevete questo qua!	911.	¡Porque tú no repetirás, recibe esto!
FÍGARO, CONDESA, CONDE, SUSANA	912.	
Ah! Ci ho fatto un bel guadagno colla mia curiositá...		¡Ah! Tengo una buena ganancia con mi curiosidad...

Se alejan Fígaro y Susana.

CONDE		
Partito é alfin l'audace, accostati, ben mio!	913.	¡Al fin partió el audaz, acércate bien mío!
CONDESA		
Giacché cosí vi piace, eccomi qui, signor.	914.	Si esto te place, aquí estoy, señor.

FÍGARO

Che compiacente femmina!
Che sposa di buon cor!

915. ¡Qué mujer tan complaciente!
¡Qué esposa con tan buen corazón!

CONDE

Porgimi la manina!

916. ¡Dame tu manita!

CONDESA

Io ve la do.

917. Yo te la doy.

CONDE

Carina!

918. ¡Querida!

FÍGARO

Carina?

919. ¿Querida?

CONDE

Che dita tenerelle!
Che delicata pelle!
Mi pizzica, mi stuzzica,
m'empie d'un nuevo ardor!

920. ¡Qué dedos tan tiernos!
¡Qué piel tan delicada!
¡Me pellizca, me provoca,
me llena de nuevo ardor!

SUSANA, CONDESA, FIGARO

La cieca perverzione delude la ragione
inganna i senzi ognor...

921. La ciega perversión desilusiona a la razón
y de veras que engaña a los sentidos.

CONDE

Oltre la dote oh cara!
Ricevi aneo un brillante che a te porge un amante in peqno del suo amor.

922. ¡Además de tu dote querida!
Recibe también un brillante que te ofrece un amante como prueba de su amor.

Le da un anillo.

CONDESA

Tutto Susana piglia dal suo benefattor.

923. Susana toma todo de su benefactor.

SUSANA, CONDE, FIGARO

Va tutto a maraviglia,
ma il meglio manca anear.

924. Todo va de maravilla,
pero falta lo mejor.

CONDESA

Signor, d'accese fiaccole io veggio balenar.

925. Señor, veo llegar el brillo de las antorchas.

CONDE

Entriam mia bella Venere,
andiamoci a celar...

926. Entremos mi bella Venus,
vamos a escondernos...

SUSANA, FIGARO

Mariti scimuniti, venite ad imparar.

927. Maridos estúpidos vengan a aprender.

CONDESA

Al buio, signor mio?

928. ¿En lo obscuro, señor mío?

CONDE

E quello che vogl'io tui sai
che lá per leggere io non desio d'entrar.

929. Es lo que quiero tu sabes
que allí no deseo entrar para leer.

FÍGARO

La perfida lo seguita é vano il dubitar.

930. La pérfida lo sigue es vano dudar.

SUSANA, CONDESA

I furbi sono in trapola comincia ben l'affar.

931. Los bribones están en la trampa comienza bien el asunto.

CONDE

Chi passa?

932. ¿Qué pasa?

FÍGARO

Passa gente!

933. ¡Pasa gente!

CONDESA

E Fígaro, Men vó!

934. ¡Es Fígaro, Menos voy!

CONDE

Andate, andate! Io poi verró.

935. ¡Camina, camina! Yo iré después.

Se esconde entre la melosa, La Condesa entra en el pabellón de la derecha.

FÍGARO

Tutto é tranquillo é placido entró la bella Venere; con vago Marte prendere nuovo Vulcan del secolo in rete la potró.

936. Todo está tranquilo y plácido entró la bella Venus; con el abrazo de su querido Marte el nuevo volcán del siglo en sus redes la tendrá.

SUSANA

Ehi, Fígaro tacete!

(Imitando la voz de la Condesa.)

937. ¡Ehi, Fígaro, cállate!

FÍGARO
Oh, questa é la Cantesa.
A tempo qui giungete, vedrete lá voi stessa il Conte e lamia sposa.
Di propria man la cosa toccar io vi faró.

938. Oh, esa es la Condesa.
Llegaste justo a tiempo, lo verás tu misma al Conde y a mi esposa.
Con tu mano podrás tocarlos.

SUSANA
Parlate un pó piu basso; di qua non muevo il passo ma vendicar mi vó.

939. Habla un poco más bajo; de aquí no me muevo un paso lo que quiero es vengarme.

FÍGARO
Vendicarsi?

940. ¿Vengarse?

SUSANA
Si.

941. Si.

FÍGARO
Come patria farsi?
La volpe vuol sorprendermi,
e secondarla vó...

942. ¿Cómo podría hacerse?
La zorra quiere sorprenderme,
y quiero secundarla...

SUSANA
L'iniquo io vo sorprendere,
poi so quel che faró...

943. Quiero sorprender al villano,
después ya sabré qué hacer...

FÍGARO
Ah, se Madama il vuole!

944. ¡Ah, sí Madama quiere!

SUSANA
Su, via, manco parole!

945. ¡Ni una palabra!

FÍGARO
Eccomi a vostri piedi,
ho pieno il cor di foco Esaminate il loco,
pensate al traditor.

946. Estoy a tus pies,
tengo el corazón lleno de fuego Examina el lugar, piensa en el traidor.

SUSANA
Come la man mi pizzica!

947. ¡Cómo me pica la mano!

FÍGARO
Come il polmon mi si altera!

948. ¡Cómo se me altera el pulmón!

SUSANA
Che smania, che furor!...

949. ¡Qué tristeza, que furia!...

FÍGARO Che smania, che calor!...	950.	¡Qué tristeza, que calor!...
SUSANA E senz'alcun affetto?	951.	¿Y sin ningún afecto entre nos?
FÍGARO Suppliscavi il respeto. Non perdiam tempo invano datemi un pó la mano...	952.	Te suplico respeto. No perdamos tiempo en vano dame un momento tu mano...
SUSANA Servitevi, signor.	953.	*(Dándole una bofetada.)* Sírvete, señor.
FÍGARO Che schiaffo!	954.	¡Qué cachetada!
SUSANA Che schiaffo! E questo, e ancora questo, e questo, e poi quest'altro.	955.	¡Qué cachetada! *(Abofeteándolo.)* Aquí está otra y de nuevo otra y ésta, y ésta otra.
FÍGARO Non batter casi presto!	956.	¡No me pegues así!
SUSANA E questo signor scaltro, e questo e poi quest'altro ancor.	957.	Y esto señor astuto, y esto y después esto.
FÍGARO Oh schiaffi graziosissimi! Oh mio felice amor!	958.	¡Oh graciosos golpes! ¡Oh mi feliz amor!
SUSANA Impara, impara, o perfido, a fare il seduttor...	959.	Te enseñaré, pérfido, a hacerle al seductor...
FÍGARO Pace, pace, mio dolce tesoro; io connobi la voce che adoro e che impresa ognor serbo nel cor.	960.	Paz, paz, mi dulce tesoro; yo reconocí la voz que adoro y que llevo impresa en el corazón.
SUSANA Lamia voce?	961.	¿Mi voz?

FÍGARO
La voce che adoro.

962. La voz que adoro.

SUSANA, FÍGARO
Pace, pace, mio dolce tesoro
pace, pace, mio tenero amor.

963. Paz, paz, mi dulce tesoro
paz, paz mi tierno amor.

Entra el Conde.

CONDE
Non la trovo,
e girai tutto il bosco.

964. No la encuentro,
he buscado por todo el bosque.

SUSANA, FÍGARO
Questi é il Conte, alla voce il conosco.

965. Ese es el Conde conozco su voz.

CONDE
Ehi! Susanna, sei sorda, sei muta?

966. ¿Ehi, Susana, eres sorda o muda?

SUSANA
Bella, bella! Non l'ha conosciuta.

967. ¡Bravo! ¡Bravo! No la ha reconocido.

FÍGARO
Chi?

968. ¿A quién?

SUSANA
Madama.

969. A Madama.

FÍGARO
Madama?

970. ¿A Madama?

SUSANA
Madama!

971. ¡Madama!

SUSANA, FÍGARO
La commedia, idol mio, terminiamo
consoliamo il bizzarro amator...

972. Terminemos la comedia, ídolo mío y
consolemos al caprichoso aman te...

Fígaro se arroja a los pies de Susana.

FÍGARO
Si Madama, voi siete il ben mio.

973. Tu Madama, eres el amor mío.

CONDE
Lamia sposa? Ah, senz arme son io!

974. ¿Mi esposa? ¡Ah, estoy desarmado!

FÍGARO
Un ristoro al mio cor concedete?
975. ¿Concedes un alivio a mi corazón?

SUSANA
Io son qui fate quel che velete.
976. Haré lo que tú quieras.

CONDE
Ah, ribaldi, ribaldi!
977. ¡Ah, escandaloso, escandaloso!

SUSANA, FÍGARO
Ah, corriamo, corriamo, mio bene
e le pene compensi il piacer.
978. Ah, corramos, corramos bien mío
y que el placer compense la pena.

Se mueven un pabellón y el Conde atrapa a Fígaro.

CONDE
Gente, gente, all'armi, all'armi!
979. ¡Auxilio, auxilio, a las armas!

FÍGARO
Il padrone!
980. ¡El patrón!

CONDE
Gente, gente, aiuto, aiuto!
981. ¡Auxilio, auxilio!

Entran Antonio, Basilio, Bartolo, Curzio y sirvientes.

FÍGARO
Son perduto!
982. ¡Estoy perdido!

ANTONIO, BASILIO, BARTOLO, CURZIO
Cos'avvenne? Cos'avvenne?
983. ¿Qué paso? ¿Qué pasó?

CONDE
Il scellerato, m'ha tradito,
m'ha infamato,
e con chi state a veder.
984. El villano, me ha traicionado,
me ha infamado,
y ustedes verán con quién.

ANTONIO, BASILIO, BARTOLO, CURZIO
Son stordito, son sbalordito
non mi par che cio sa ver!
985. ¡Estoy sorprendido, confundido
no me parece que sea verdad!

FÍGARO
Son storditi, sbalorditi,
oh, che scena, che piacer!
986. ¡Están sorprendidos, confundidos
oh, qué escena, qué placer!

El Conde va hacia los árboles y saca de ahí a Cherubino, Barbarina, Marcellina y Susana.

CONDE

Invan resistete
uscite Madama;
il premio ora avrete
di vostra onestá.
... Il paggio!

987. En vano resistes
sal de ahí Madama;
ahora tendrás el premio
de tu honestidad.
... ¡El paje!

ANTONIO

Mia figlia!

988. ¡Mi hija!

FÍGARO

Mia madre!

989. ¡Mi madre!

ANTONIO, BASILIO, BARTOLO, CURZIO

Madama!

990. ¡Madama!

CONDE

Scoperta é la trama
la perfida é qua!

991. ¡La trama ha sido descubierta
ahí está la pérfida!

SUSANA

Perdono, perdono!

(Arrodillándose.)
992. ¡Perdón, perdón!

CONDE

No, no, non vo darlo!

993. ¡No, no, no quiero darlo!

TODOS

Perdono!

(Arrodillándose.)
994. ¡Perdón!

CONDE

No!

995. ¡No!

La Condesa emerge del pabellón de la derecha.

CONDESA

Almeno io per loro
perdono otterró.

996. Al menos yo puedo obtener
el perdón de ellos.

ANTONIO, BASILIO, BARTOLO, CURZIO, CONDE

Oh cielo! Che veggio!
Delirio! Vaneggio! Che creder non so.

997. ¡Oh, cielos! ¡Qué veo!
¡Delirio! ¡Desvarió! No sé qué creer.

CONDE
Contesa, perdono! Perdono, perdono!

(Arrodillándose.)
998. ¡Condesa, perdón! ¡Perdón, perdón!

CONDESA
Piu docile io sono e dico di si.

999. Yo soy más dócil y digo que sí.

TODOS
Ah, Tutti contenti saremo cosi
di capricci e di follia in contenti
e in allegria solo amor puo terminar.
Sposi, amici, al ballo, al gioco,
alle mine date foco!
Ed al suon di lieta marcia corriam tutti a festeggiar.

1000.
Ah, Todos contentos así estaremos
de caprichos y locuras con felicidad
y alegría que solo el amor puede dar.
¡Esposos, amigos, al baile,
al juego, a los cohetes prendan fuego!
Y al son de alegre marcha corramos todos a festejar.

FIN

Biografía de Wolfgang Amadeus Mozart

WOLFGANG AMADEUS MOZART cuyo nombre completo era Crysostomus Wolfgangus Theophilus Mozart nació en Salzburgo, Viena el 27 de enero de 1756 y falleció el 5 de diciembre de 1791 en Viena. Fue el último hijo de Leopóld Mozart, músico y compositor de poca relevancia; su madre se llamaba Anna Maria Pertl, cinco de sus hermanos fallecieron en la infancia y solo sobrevivió su hermana Nannerl. La obra Mozartiana abarca todos los géneros musicales de su época, compuso 626 obras, en su mayoría consideradas como obras maestras. A los cuatro años de edad dominaba los instrumentos de teclado y el violín y ya compañía obras musicales muy apreciadas por la realeza y por la clase aristocrática.

A los diecisiete años fue contratado por la corte de Salburgo de donde fue despedido en 1781 ante lo cual se estableció en Viena en donde alcanzó gran fama que mantuvo el resto du vida.

En enero de 1762, los niños Mozart se presentaron como prodigios musicales ante las cortes de Múnich, Viena, y Praga en donde fueron grandemente elogiados, pero no recibieron la compensación económica esperada. En junio de 1763, iniciaron una serie de conciertos que duró tres años se presentaron en las cortes de Múnich, Manheim, Paris, Londres, La Haya, y Zúrich.

En su viaje a Roma en 1770, el Papa Clemente XIV lo nombró Caballero de la Espuela de Oro como reconocimiento al talento musical del joven Mozart que tenía entonces 14 años.

En 1773, Mozart y su padre regresaron a la corte se Salzburgo en donde el joven quedó a las órdenes del arzobispo Hieronimus von Colloredo con quien el joven compositor tuvo series discusiones y además se le había asignado en raquítico salario de 150 florines al año.

Ante esto, Mozart renunció a su puesto de Maestro de Conciertos y se desplazó a Mannheim en donde conoció y se enamoró de Alysia Weber. Al no encontrar trabajo en ésta ciudad, regresó a Paris acompañado por su madre que enfermó gravemente y falleció. En esta ciudad, Mozart tampoco, encontró ofertas de trabajo que le satisficieran ante lo Constanze Weber, hermana menor de Aloysia con quien se casó el 4 de agosto de 1782 sin el consentimiento de su padre. El matrimonio tuvo Seis hijos de los cuales solo dos sobrevivieron: Franz Xaver y Karl Wolfgang.

El último año de vida de Mozart fue el de 1791 durante el cual tuvo una gran productividad, compuso su último opera: *La Flauta Mágica*, dos conciertos, un quinteto de cuerdas el Réquiem que quedó inconcluso y La Pequeña Cantata Masónica.

La salud de Mozart se deterioró rápidamente. El 5 de diciembre de 1791, a los doce de la noche, falleció a la edad de 35 años, diez meses y ocho días. El funeral tuvo lugar en la Catedral de San Esteban. El entierro de Mozart fue de tercera categoría con un costo de ocho florines. El féretro se trasladó al cementerio de St. Marx en Viena en el que recibió sepultura en una tumba comunitaria. Al entierro asistieron: Antonio Salieri, Süssmayr, Gottfried Van Swieten, y dos músicos.

Óperas de Mozart

Apollo et Hyacinthus
Ascanio in Alba
Bastien und Bastienne
Betulia Liberata
Così Fan Tutte
Der Schauspieldirektor
Die Entführung aus dem Serail
Die Schuldigkeit des ersten Gebots
Die Zauberflöte
Don Giovanni
Idomeneo
Il re Pastore
Il Sogno di Scipione
La Clemenza di Tito
La Finta Giardiniera
La Finta Semplice
Le Nozze di Figaro
Lo Sposo Deluso
L'oca del Cairo
Lucio Silla
Mitridate
Thamos
Zaide

Acerca de Estas Traducciones

El Dr. Eduardo Enrique Prado Alcalá nació en 1937 en el norte de México, estudió la carrera de medicina y se especializó en cáncer ginecológico y cáncer de mama.

Ejerció su carrera durante 40 años y finalmente llegó a la edad del retiro.

Desde la edad de 42 años, se hizo aficionado a la ópera y a la música clásica y formó parte de un grupo de amigos aficionados a estas disciplinas. Tuvo la oportunidad de asistir a funciones operísticas en la Ciudad de México, en Guadalajara México, en Toluca México, en Mazatlán México, en Seattle, en Madrid y en Londres. Organizó en la Ciudad de Mazatlán tres conciertos de música clásica, uno de ellos en la catedral.

Jugum Press y Ópera en Español

Prensa publica estas traducciones de ópera por Dr. E.Enrique Prado:

OPERA
EN ESPAÑOL
TRADUCCIÓN Y COMENTARIOS

Vincenzo Bellini:
Norma

Georges Bizet:
Carmen

Gaetano Donizetti:
Anna Bolena, Don Pasquale, Lucia di Lammermoor, Lucrezia Borgia

Ruggero Leoncavallo:
I Pagliacci

Pietro Mascagni:
Cavalleria Rusticana

Wolfgang Amadeus Mozart:
Die Zauberflöte, Don Giovanni, Le Nozze di Figaro

Giacomo Puccini:
La Boheme, La Fanciulla del West, Madama Butterfly, Manon Lescaut, Tosca
El Tríptico: *Gianni Schicchi, Suor Angelica, Il Tabarro*

Giacchino Rossini:
Il Barbiere Di Siviglia, La Cenerentola

Giuseppe Verdi:
Aida, Un Ballo in Maschera, Don Carlo, Ernani, Falstaff, La Forza del Destino, I Lombardi, Macbeth, Nabucco, Otello, Rigoletto, Simon Boccanegra, La Traviata, Il Trovatore

Para información y disponibilidad, por favor vea
www.operaenespanol.com
Correo: JugumPress@outlook.com
Síganos en Twitter: @jugumpress
Regístrate para nuestras noticias: http://eepurl.com/5m7tj

www.ingramcontent.com/pod-product-compliance
Lightning Source LLC
Chambersburg PA
CBHW081256040426
42452CB00014B/2530
* 9 7 8 1 9 3 9 4 2 3 6 6 5 *